CAMINHAR juntos 7

ENSINO RELIGIOSO

Humberto Herrera
Licenciado em Filosofia e Pedagogia pela Faculdade Padre João Bagozzi.
Especialista em Ensino Religioso, Gestão de Processos Pastorais, Gestão e Docência.
Mestre em Educação pela Universidade Tuiuti do Paraná.
Professor e coordenador na Faculdade Padre João Bagozzi.
Assessor de Grupo de Trabalho Pastoral da Associação Nacional de Educação Católica do Brasil.
Membro da Sociedade Brasileira de Cientistas Católicos.

São Paulo, 1ª edição, 2019

Caminhar Juntos – volume 7
© Edições SM Ltda.
Todos os direitos reservados

Direção editorial	M. Esther Nejm
Gerência editorial	Cláudia Carvalho Neves
Gerência de *design* e produção	André Monteiro
Edição	Ana Carolina Nitto (coordenação), Cláudio Matiuzzi, Maria Rocha, Nanci Ricci, Regina Gomes, Rodrigo Souza
	Suporte editorial: Fernanda Fortunato
Coordenação de preparação e revisão	Cláudia Rodrigues do Espírito Santo
	Preparação: Luciana Chagas
	Revisão: Fernanda Oliveira Souza, Iris Gonçalves, Valéria Cristina Borsanelli
Coordenação de *design*	Gilciane Munhoz
	***Design*:** João Pedro Brito, Thatiana Kalaes
Coordenação de arte	Ulisses Pires
	Edição de arte: Eduardo Sokei
Coordenação de iconografia	Josiane Laurentino
	Pesquisa iconográfica: Beatriz Micsik
	Tratamento de imagem: Marcelo Casaro
Capa	João Pedro Brito
	Ilustração da capa: Marcelo Martins/Norte
Projeto gráfico	João Pedro Brito
Editoração eletrônica	Essencial Design
Pré-impressão	Américo Jesus
Fabricação	Alexander Maeda
Impressão	Gráfica e Editora Pifferprint Ltda

Dados Internacionais de Catalogação na Publicação (CIP)
(Câmara Brasileira do Livro, SP, Brasil)

Contreras, Humberto Silvano Herrera
 Caminhar juntos : 7º ano : ensino religioso / Humberto Silvano Herrera Contreras. — 1. ed. — São Paulo : Edições SM, 2019.

  ISBN 978-85-418-2409-5 (aluno)
  ISBN 978-85-418-2413-2 (professor)

  1. Ensino religioso (Ensino fundamental) I. Título.

19-26470   CDD-377.1

Índices para catálogo sistemático:
1. Educação religiosa nas escolas   377.1
2. Ensino religioso nas escolas   377.1
3. Religião: Ensino fundamental   377.1

Maria Alice Ferreira – Bibliotecária – CRB-8/7964

1ª edição, 2019
4ª impressão, 2020

SM Educação
Rua Tenente Lycurgo Lopes da Cruz, 55
Água Branca 05036-120 São Paulo SP Brasil
Tel. 11 2111-7400
atendimento@grupo-sm.com
www.grupo-sm.com/br

Apresentação

Caro(a) aluno(a),

Apresentamos a coleção **Caminhar Juntos**, cuja proposta é promover o conhecimento sobre a diversidade de manifestações religiosas presentes no Brasil e no mundo.

Cada livro desta coleção é uma aventura! Você vai abrir janelas que lhe permitirão compreender alguns elementos de sua realidade e da vida em sociedade.

Ao ampliar seus conhecimentos sobre as várias religiões, você será capaz de reconhecer a riqueza da diversidade cultural e religiosa e mostrar uma atitude permanente de respeito e de diálogo, tornando-se promotor(a) da cultura de paz.

Nesta coleção, você também vai encontrar diversas propostas de atividades, que, realizadas com os colegas, os familiares e o professor, possibilitarão a você saber mais sobre a cidade, o país e o mundo em que vive, transformando-se no(a) protagonista dessa caminhada!

Desejamos que, a cada passo dado, suas experiências de aprendizagem promovam uma vida mais abençoada e plena de sentido.

Que Deus acompanhe você nesta jornada!

O autor

Conheça seu livro

Abertura de unidade
A primeira página de cada unidade traz uma imagem e algumas questões que suscitam a reflexão inicial acerca do tema proposto.

Para começo de conversa
Esta seção é composta de textos, imagens e atividades que aprofundam o contato com o tema tratado na unidade.

Curiosidade filosófica
Boxe que traz o pensamento de filósofos, cientistas ou intelectuais, relacionando-o aos assuntos centrais da unidade.

Por dentro da história
Seção que contextualiza a temática da unidade sob uma perspectiva histórica e cultural. Também conta com textos, imagens e atividades referentes ao tema principal.

Glossário
Boxe que apresenta definições de expressões e de palavras para enriquecer seu vocabulário.

Experiências religiosas
Nesta seção, você entra em contato com diversas práticas religiosas relacionadas ao tema discutido na unidade, visando ampliar sua consciência religiosa.

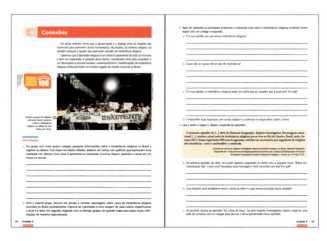

Conexões
Nesta seção, você encontra textos, reproduções de obras de arte, poesias, letras de canção e outras manifestações artísticas relacionadas às diferentes práticas religiosas e ao tema da unidade.

Atividades
As atividades propostas promovem reflexão, pesquisa e práticas que possibilitam expandir seu conhecimento sobre as diversas religiões.

4

Espaço de diálogo
Esta seção trabalha o diálogo inter-religioso, abordando aspectos comuns entre as diferentes matrizes religiosas. As atividades aqui sugeridas buscam valorizar o respeito à diversidade religiosa.

Fique sabendo
Boxe que traz curiosidades sobre assuntos relacionados às diferentes religiões e oferece sugestões de livros, *sites* e vídeos por meio dos quais você pode aprofundar seus conhecimentos.

Atitudes de paz
Esta seção apresenta acontecimentos e propostas de atividades para que você coloque em prática ideias que ajudam a promover a cultura de paz.

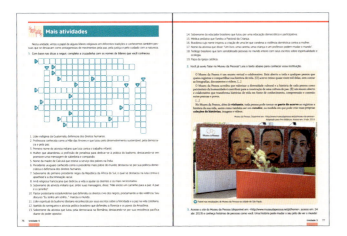

Mais atividades
As atividades indicadas nesta seção visam integrar os assuntos tratados na unidade e ampliar o compromisso com a promoção da cultura de paz.

Oficina de jogos
Esta seção sugere jogos e brincadeiras que retomam de forma lúdica assuntos estudados no livro, proporcionando tanto a troca de ideias e experiências quanto o contato com situações concretas de diálogo.

Sumário

Unidade 1
Símbolos religiosos 8

Para começo de conversa 9

Por dentro da história 10
- A cruz para os cristãos 11

Experiências religiosas 12

Conexões 14
- Grafite ou pichação? 15

Espaço de diálogo 16
- Um símbolo, diferentes significados 17

Atitudes de paz 18
- Vamos criar um símbolo? 19

Mais atividades 20

Unidade 2
Falar com Deus 22

Para começo de conversa 23

Por dentro da história 24
- O terreiro: lugar sagrado do candomblé 25

Experiências religiosas 26
- Chico Xavier 27

Conexões 28
- Devoção e beleza 29

Espaço de diálogo 30
- Oração mundial pela paz 31

Atitudes de paz 32
- Pessoas com autismo 33

Mais atividades 34

Unidade 3
O sagrado na natureza 36

Para começo de conversa 37

Por dentro da história 38
- O fogo como símbolo sagrado 39

Experiências religiosas 40
- Iemanjá, a mãe das águas 41

Conexões 42
- Terra, água, ar e fogo: uma celebração da vida 43

Espaço de diálogo 44
- O acesso à água é um direito de todos 45

Atitudes de paz 46
- Desastres naturais 47

Mais atividades 48

Ilustrações: Arthur Duarte/ID/BR

Unidade 4

O sagrado nos alimentos — 50

Para começo de conversa — 51

Por dentro da história — 52
- Comida de orixá — 53

Experiências religiosas — 54
- A lenda da erva-mate — 55

Conexões — 56
- Religião e vegetarianismo — 57

Espaço de diálogo — 58
- Pão e vinho: comunhão e partilha — 59

Atitudes de paz — 60
- Compartilhar é um dever de todos — 61

Mais atividades — 62

Unidade 5

Líderes religiosos — 64

Para começo de conversa — 65

Por dentro da história — 66
- A sabedoria dos líderes — 67

Experiências religiosas — 68
- Quem foi Jesus de Nazaré? — 69

Conexões — 70

Espaço de diálogo — 72

Atitudes de paz — 74
- Círculo de Pessoas do Bem — 75

Mais atividades — 76

Unidade 6

O diálogo entre as religiões — 78

Para começo de conversa — 79

Por dentro da história — 80
- Um projeto de amor solidário — 81

Experiências religiosas — 82
- Acordo contra a escravidão — 83

Conexões — 84

Espaço de diálogo — 86
- Compartilhar experiências de diálogo — 87

Atitudes de paz — 88
- Vamos organizar uma roda de diálogo? — 89

Mais atividades — 90

Oficina de jogos: Quem sou eu? — 92

Bibliografia — 96

Ilustrações: Arthur Duarte/ID/BR

7

Unidade 1

Símbolos religiosos

- Por que existe o costume de comemorar aniversários com bolo?
- Qual é o sentido de soprar as velas?
- O que significa esse ato?

Para começo de conversa

Você se lembra de alguma festa de aniversário da qual tenha participado? O que será que significam os balões? Qual é o motivo do costume de dar presentes ao aniversariante? Quem inventou a música que se canta nas festas de aniversário?

Em nossas relações com outras pessoas, muitas vezes expressamos sentimentos por meio de gestos, cores, textos e objetos carregados de simbolismo. Os símbolos e seus significados variam de uma cultura para outra, mas estão presentes em todas as sociedades humanas.

Atividades

1. Os símbolos aparecem em muitos aspectos e situações do nosso cotidiano. Você já viu desenhos em muros e ruas do lugar onde mora? Por acaso você parou para admirar e tentar compreender o significado deles? Analise a imagem ao lado e converse com os colegas e o professor: Que relações existem entre os textos sagrados egípcios e os desenhos que podemos encontrar em ruas e outros locais públicos?

2. Pesquise sobre os grafites, inclusive como surgiram. Registre no caderno suas principais descobertas e compartilhe com os colegas e o professor.

Charge de Guy & Rodd, de 2008.

Curiosidade filosófica

O grafite é uma forma de intervenção urbana que expressa maneiras de viver e de pensar em diferentes lugares do mundo. Os grafiteiros se comunicam com as cidades e seus habitantes, registrando ideias, opiniões e sentidos sobre a própria vida e sobre a vida em sociedade.

O filósofo alemão Walter Benjamin (1892-1940), discutindo a obra de arte, disse o seguinte:

> Mesmo na reprodução mais perfeita, um elemento está ausente: o aqui e agora da obra de arte, sua existência única, no lugar em que ela se encontra. É nessa existência única, e somente nela, que se desdobra a história da obra [...].
>
> Walter Benjamin. *Obras escolhidas*: magia e técnica, arte e política. Tradução de Sérgio Paulo Rouanet. São Paulo: Brasiliense, 1994. v. 1. p. 167.

Walter Benjamin. Foto de 1928.

1. Com a ajuda do professor, interprete as palavras do filósofo sobre a obra de arte e compartilhe suas impressões oralmente com os colegas.

2. Agora, discuta com os colegas a questão: Grafite é arte? Anote suas conclusões no caderno.

Unidade 1   9

Por dentro da história

Símbolo da cruz suástica em um templo budista, na Coreia do Sul.

A cruz é um símbolo milenar e, muito séculos antes de Cristo, já era usada como símbolo sagrado, relacionado a práticas de adoração ligadas à natureza.

Uma das representações mais antigas é a cruz suástica, que simboliza o fogo, o Sol em seu aparente movimento ou o relâmpago.

A suástica, ou cruz gamada, remonta à tradição hinduísta. Entre brâmanes e budistas, representava a felicidade, a boa sorte, a saudação ou a salvação. Uma das possíveis traduções da palavra **suástica** é "isso é bom"; assim, ao ingressar em um templo ou moradia ou encontrar uma pessoa, os hindus faziam a saudação repetindo essa palavra e desejando o bem.

Há também a cruz relacionada ao símbolo egípcio Ankh, que representa a vida. Nas pirâmides mortuárias, esse símbolo aparece nas mãos das divindades, como uma espécie de chave para a imortalidade.

Em diversos objetos da Idade do Bronze, há vestígios de uma cruz semelhante à cruz latina, utilizada frequentemente em cemitérios e lugares sagrados.

Em algumas comunidades africanas, a cruz aparece como encruzilhada, local onde se encontram os caminhos dos vivos e dos mortos, dos espíritos e dos deuses.

Com o surgimento do cristianismo, a cruz passou a simbolizar a vitória e a ressurreição de Jesus Cristo.

Símbolo egípcio Ankh, em Luxor, Egito.

Idade do Bronze: período em que ocorreu o desenvolvimento de ferramentas feitas de bronze, uma liga metálica obtida pela mistura de cobre e de estanho. Essa técnica possibilitou grandes avanços nas sociedades humanas. Em alguns lugares da atual Europa, esse período começou em torno de 5 mil anos atrás.

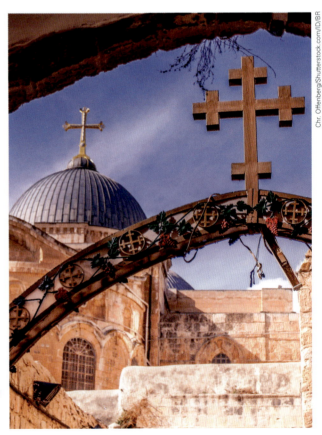
Cruz da cúpula do Santo Sepulcro, em Jerusalém.

10 **Unidade 1**

A cruz para os cristãos

A cruz é um símbolo de abrangência mundial para os cristãos. Nos três primeiros séculos do cristianismo, Jesus Cristo era identificado com outros símbolos: as figuras do pastor, do peixe, da âncora e da pomba, por exemplo. Leia o trecho da Bíblia a seguir.

⬆ Crucifixo utilizado como proteção.

> Se alguém quer me seguir, renuncie a si mesmo, tome cada dia a sua cruz, e me siga.
>
> Lucas 9: 23.

No século IV, a cruz se tornou o principal símbolo para representar Cristo vitorioso. A festa da Exaltação da Santa Cruz, celebrada no dia 14 de setembro, já era comemorada no Oriente, no século V, e em Roma, desde o século VII.

Na Idade Média, a cruz passou a representar também Jesus em seu estado de sofrimento e dor.

A tradição de fazer o sinal da cruz é uma prática dos cristãos desde o século V. Tanto os católicos como os ortodoxos fazem o sinal da cruz para iniciar suas orações e ritos religiosos.

ortodoxo: neste contexto, fiel da Igreja católica ortodoxa, a segunda maior instituição religiosa do mundo (depois da Igreja católica romana), somando aproximadamente 250 milhões de fiéis, concentrados sobretudo nos países da Europa Oriental.

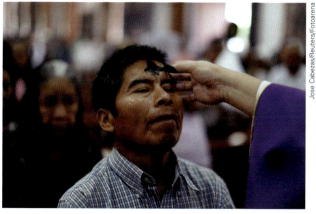

⬆ O sinal da cruz com cinza representa o início do Tempo da Quaresma. El Salvador, 2019.

⬆ Cruz no topo do monte Krizevac, na Bósnia. O local recebe muitos fiéis. Foto de 2016.

Atividades

- Pergunte a três pessoas que frequentam alguma igreja cristã o que a cruz simboliza para cada uma delas. Registre as respostas abaixo e, depois, compartilhe-as com a turma.

  Entrevistado 1:

  Entrevistado 2:

  Entrevistado 3:

Unidade 1

Experiências religiosas

A essência da filosofia taoísta está em encontrar o caminho, a virtude. Tao significa "caminho virtuoso que conduz à meta". Por isso, o taoísmo cultiva a harmonia, o equilíbrio e a energia que flui na natureza. O caminho do Tao se percorre mediante a prática espiritual, a perseverança, o recolhimento e o silêncio.

O símbolo *yin-yang* expressa a dualidade complementar que existe em tudo, como em claro/escuro, quente/frio, etc. *Yin* significa o "lado sombrio da montanha", enquanto *yang* é o "lado ensolarado da montanha". A montanha é vista como um símbolo de unidade. Observe a imagem ao lado.

← Representação do símbolo *yin-yang*.

Atividades

1. Pesquise sobre o símbolo *yin-yang* e descubra o significado e os atributos dessas forças. Complete as linhas abaixo com os resultados da sua pesquisa.

Yin   *Yang*

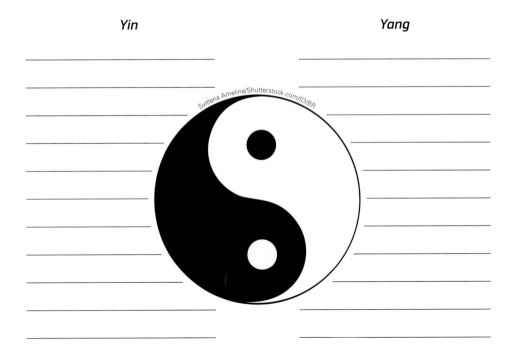

12   Unidade 1

2. Leia a seguir um conto da tradição taoísta.

O cavalo perdido

Era uma vez um camponês chinês pobre e honesto, que trabalhava duramente a terra com seu filho. Um dia, um de seus cavalos fugiu. Os vizinhos comentaram que o acontecimento era um infortúnio.

– Por quê? – respondeu o camponês. – Veremos o que nos traz o tempo.

No dia seguinte, o cavalo voltou, trazendo mais sete cavalos selvagens. Os vizinhos apareceram novamente, comentando essa grande sorte.

– Pode ser. – respondeu o camponês. – Veremos o que nos traz o tempo.

Tentando domar um dos cavalos selvagens, o filho do camponês caiu e quebrou uma perna. Os vizinhos vieram lamentar o ocorrido, dizendo que era uma desgraça. De novo, o camponês respondeu: "Pode ser".

No dia seguinte, oficiais do exército vieram recrutar soldados, mas não levaram o filho do camponês por causa da perna quebrada. Os vizinhos comentaram que aquilo era ótimo, ao que mais uma vez o camponês respondeu: "Pode ser".

Conto popular taoísta. Disponível em: <https://www.samaelgnosis.net/revista/ser29/capitulo_09.htm>. Acesso em: 20 mar. 2019. (Traduzido e adaptado pelo autor desta coleção para fins didáticos.)

- Relacione a história do camponês com o significado do símbolo *yin-yang* e converse com os colegas e o professor. Depois, responda: Que mensagem taoísta esse conto nos ensina?

Unidade 1   13

Conexões

Você já ouviu falar de Banksy, um dos mais polêmicos artistas de rua da atualidade?

As obras desse artista, que prefere se manter no anonimato, ganharam reconhecimento mundial por expressar, em muros e paredes, mensagens de crítica social, cultural e política. Observe uma de suas criações.

⬆ Grafite feito por Banksy em 2013, em muro da cidade de Nova York, Estados Unidos. Na placa, em inglês, está escrito "Grafite é um crime".

Atividades

- Pesquise sobre o artista Banksy e sua obra e registre a seguir as informações que encontrar. Depois, converse com o professor e os colegas sobre os possíveis significados da obra reproduzida acima.

Grafite ou pichação?

De acordo com a Constituição brasileira de 1988, todos temos direito à livre expressão de atividade intelectual, artística, científica e de comunicação, independentemente de censura ou licença. Além disso, o poder público afirma o dever da comunidade de proteger o patrimônio cultural local.

Atividades

1. Leia um trecho do texto "*Graffiti* e cidade". Depois, discuta com o professor e os colegas sobre o significado social dos grafites urbanos.

> No *graffiti* ocorre, de forma peculiar, o estreitamento das relações entre atividade estética, cidade, política e espaço sob a perspectiva de sujeitos que vivem no próprio contexto da intervenção ou que nele se inserem para inscrever-se no diálogo aberto com a cidade.
>
> Através das imagens, o *graffiti* propõe outra relação com o entorno urbano, questionando, a partir de um olhar estético, os territórios, as regulamentações do espaço e [da] estrutura da cidade e das imagens que nela circulam, assim como os problemas coletivos subsistentes. Na heterogeneidade dos discursos visuais, no silêncio dessas conversas urbanas, o *graffiti* se faz e se refaz na incerteza da permanência ou do apagamento, na duração do olhar que passa, que imagina, que significa o urbano.
>
> Janaina Rocha Furtado e Andréa Vieira Zanella. *Graffiti* e cidade: sentidos da intervenção urbana e o processo de constituição dos sujeitos. *Mal-Estar e Subjetividade*, Fortaleza, v. 9, n. 4, p. 1279-1302, dez. 2009. Disponível em: <http://pepsic.bvsalud.org/scielo.php?script=sci_arttext&pid=S1518-61482009000400010&lng=pt&nrm=iso>. Acesso em: 20 mar. 2019.

2. Após a discussão, observe a imagem a seguir e, com um colega, responda oralmente: Qual é a diferença entre o grafite e a pichação?

⬆ O Pateo do Colégio, um dos locais históricos da cidade de São Paulo, foi pichado em abril de 2018.

3. Compartilhe com a turma a resposta que você e o colega deram à atividade anterior e registre no caderno as principais conclusões desse debate.

Unidade 1 15

Espaço de diálogo

O universo simbólico religioso compreende uma multiplicidade de linguagens que expressam diversos sentidos, comunicam mensagens e têm papel relevante nas práticas religiosas.

Atividades

1. Descubra e circule no diagrama quinze diferentes tipos de símbolos presentes em tradições religiosas.

S	A	C	O	R	E	S	U	R	P	I	N	T	U	R	A	S	Q	I	O
M	K	A	A	X	U	O	M	H	A	T	P	O	S	T	U	R	A	S	U
Y	A	N	A	O	I	B	Ó	E	L	E	M	E	N	T	O	S	K	A	V
X	A	T	U	H	C	J	V	S	A	R	M	C	O	E	S	O	C	O	E
T	I	O	T	O	S	E	E	C	V	M	O	N	U	M	E	N	T	O	S
M	E	S	W	E	S	T	I	D	R	A	L	I	M	E	N	T	O	S	T
T	E	X	T	O	S	O	S	T	A	S	F	X	X	I	V	K	T	O	E
S	J	A	T	G	E	S	T	O	S	G	N	S	T	O	S	O	N	N	S
C	O	N	S	T	R	U	Ç	Õ	E	S	P	E	A	V	J	A	S	S	U

2. Registre a seguir as palavras que você encontrou.

1. C_____
2. P_____
3. C_____
4. G_____
5. M_____
6. V_____
7. C_____
8. M_____

9. O_____
10. E_____ da natureza
11. P_____ na pele
12. P_____
13. A_____
14. T_____
15. S_____

3. Agora, busque informações sobre dois símbolos sagrados de acordo com duas tradições religiosas diferentes. No caderno, reproduza o quadro a seguir, desenhe os símbolos e, abaixo de cada um, registre o respectivo significado. Depois, compartilhe com os colegas o que você pesquisou.

RELIGIÃO:
SÍMBOLO:
DESENHO:
SIGNIFICADO:

16 Unidade 1

Um símbolo, diferentes significados

Você sabia que alguns objetos são simbólicos para várias religiões? Um deles é a **chave**.

- Na umbanda, a chave simboliza a abertura de caminhos para a felicidade.
- No budismo, simboliza a felicidade, pois é utilizada para abrir o celeiro de arroz no Japão. Espiritualmente, significa abrir os tesouros escondidos.
- No catolicismo, a chave evoca o poder do apóstolo Pedro, a quem Jesus disse:

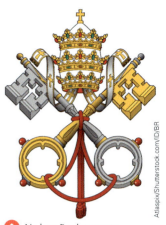

No brasão do papa e do Vaticano, a chave de prata simboliza o poder de desligar a terra do céu, e a chave de ouro simboliza o poder de ligar a terra ao céu.

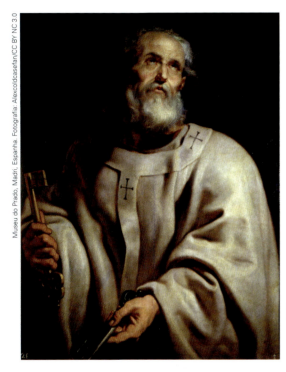

> Eu lhe darei as chaves do Reino do Céu, e o que você ligar na terra será ligado no céu, e o que você desligar na terra será desligado no céu.
>
> Mateus 16: 19.

Pieter Paul Rubens. *São Pedro*, 1610-1612. Óleo sobre madeira, 107 cm × 82 cm.

A religião hindu é repleta de símbolos. Um exemplo disso são as representações de Shiva, deus dançarino do hinduísmo. Nelas, o deus hindu usa colares e braceletes de serpentes e, em sua mão direita, leva um pequeno tambor, que marca o ritmo da dança. A auréola em chamas que o rodeia representa a vitalidade inesgotável e a luz do conhecimento. Shiva dança pisando o corpo de um anão, que representa o homem mergulhado na ignorância.

Bronze do século X representando Shiva, o senhor da dança.

Atividades

- Você já viu a Estrela de Davi, símbolo sagrado do judaísmo? Com os colegas, pesquise o significado desse símbolo. Depois, registre no caderno o que você descobriu.

A Estrela de Davi em uma sepultura judaica na Itália.

Unidade 1 17

Atitudes de paz

↑ Tarsila do Amaral. *Operários*, 1933. Óleo sobre tela, 150 cm × 205 cm.

↑ Professora Gina Vieira Pontes.

Nesta unidade, vimos textos e objetos que pertencem ao universo simbólico de diferentes religiões. Há também pessoas que, por meio de ações e obras repletas de significados, promovem a paz, a justiça social e a inclusão e, por isso, se tornam exemplos. Vamos conhecer algumas delas?

A artista brasileira Tarsila do Amaral (1886-1973) aborda, em suas obras, temas sociais. Depois de uma viagem a Moscou, onde fez uma exposição, em 1931, Tarsila voltou sensibilizada com a luta dos operários e pintou, em 1933, a tela *Operários*, uma de suas produções mais conhecidas. Outros trabalhos de Tarsila também revelam sua preocupação com a desigualdade social brasileira e com a condição de trabalhadores e crianças.

Gina Vieira Pontes é professora em Ceilândia, no Distrito Federal. Ao perceber a falta de engajamento dos alunos pela escola, decidiu ingressar nas redes sociais a fim de abrir um canal de diálogo com os estudantes. Depois de assistir a um vídeo veiculado por uma de suas alunas, Gina teve a ideia de conceber um projeto que ajudasse a promover positivamente a imagem da mulher na sociedade. Foi assim que nasceu o Mulheres Inspiradoras, que estimulou os alunos a ler e a conhecer histórias de diversas mulheres que mudaram o mundo à sua maneira e os levou a romper as barreiras do preconceito. Por esse projeto, Gina recebeu diversos prêmios, entre eles o Prêmio Professores do Brasil, o Prêmio Nacional de Educação em Direitos Humanos e o Prêmio Ibero-americano de Educação em Direitos Humanos.

- Agora, que tal conhecer mais sobre mulheres brasileiras cuja atuação é socialmente relevante para o país? Para isso, leia as orientações a seguir.

    a. Em grupo com mais dois colegas, pesquise sobre outras mulheres brasileiras que se tornaram símbolos da promoção de uma cultura de paz ou que lutam contra a desigualdade social, o racismo e o preconceito, a fim de promover uma sociedade mais justa e igualitária. Anote no caderno as informações que encontrar.

    b. Com seu grupo, elabore um cartaz destacando aspectos marcantes da vida de uma dessas mulheres. Explique o motivo de a terem escolhido.

    c. Com o professor e os demais colegas, organize uma exposição dos cartazes na escola; assim, alunos de outras turmas poderão saber mais sobre a importância dessas mulheres. Lembrem-se de criar um título para a exposição.

Vamos criar um símbolo?

Nesta unidade, você aprendeu também muita coisa sobre a força e o significado de diversos símbolos em diferentes religiões. Que tal agora escolher um tema e criar um símbolo para representá-lo?

- Escolha um dos temas abaixo e crie um símbolo para representá-lo e promovê-lo. Utilize o espaço a seguir para desenhar esse símbolo. Caso prefira usar um programa de computador para sua produção, você pode imprimir o resultado, recortá-lo e colá-lo aqui.

Respeito pelas mulheres	Defesa do meio ambiente
Respeito à livre expressão	Promoção da generosidade
Proteção do patrimônio cultural	Valorização da experiência dos idosos
Respeito à diversidade religiosa	Respeito às pessoas com deficiência

a. Explique o significado do símbolo que você criou.

_____

_____

_____

b. Apresente aos colegas o seu símbolo e explique a eles o sentido que desejou comunicar.

c. Com os colegas e o professor, reproduza os símbolos em uma cartolina e organize uma exposição das criações da turma.

Unidade 1   19

Mais atividades

Você já ouviu falar do artista brasileiro Eduardo Kobra? Ele nasceu em 1975, no Jardim Martinica, bairro pobre da zona sul da cidade de São Paulo. Hoje, é um dos mais reconhecidos muralistas do mundo, com mais de quinhentas obras produzidas em ruas do Brasil e de outros 17 países.

No projeto Olhares da Paz, Kobra retrata pessoas que lutaram contra a violência e se empenharam na disseminação de uma cultura de paz. Observe a imagem ao lado.

Olhar a Paz, 2015. Produzido em um muro em Los Angeles, Estados Unidos, esse grafite contempla as imagens de madre Teresa de Calcutá e Mahatma Gandhi.

Outros grafiteiros, como são chamados os artistas que fazem grafites, também desenvolveram trabalhos com essa mesma temática. Por meio de retratos bem coloridos de pessoas que lutaram pela paz mundial, suas obras colaboram para a construção de uma cultura de paz. Observe as imagens a seguir.

Grafite do artista francês C 215 que retrata Malala Yousafzai, ativista paquistanesa pelo direito à educação e pelos direitos das mulheres. França, 2018.

Grafite dos artistas brasileiros Crioula e Diego Moura que retrata Nelson Mandela, ex-presidente da África do Sul e Prêmio Nobel da Paz. São Paulo (SP), 2019.

Imagine que tenha sido lançado um concurso de grafites para alunos de escolas brasileiras cujo tema fosse diversidade religiosa no Brasil. Que desenho você criaria? Desenhe e pinte sua proposta no espaço abaixo. Lembre-se de registrar sua assinatura!

Unidade 2

Falar com Deus

AstroStar/Shutterstock.com/ID/BR

- De que maneiras você costuma se comunicar com as pessoas com quem convive?
- Como será que podemos nos comunicar com Deus?

Para começo de conversa

Comunicar-se é uma necessidade desde os primeiros tempos da experiência humana. Todos nós precisamos nos expressar, queremos falar, ser ouvidos e entender o que os outros dizem. As formas de comunicação são inúmeras, com grande variedade de gêneros textuais e símbolos que enriquecem nossa vida.

Atividades

- Leia a tira a seguir e analise a situação de que ela trata. Depois, compartilhe com os colegas e o professor suas impressões.

Tira de Cameron Davis, 2011.

Curiosidade filosófica

Jürgen Habermas, nascido em 1929, é um filósofo alemão considerado um dos mais importantes intelectuais contemporâneos. Ele se destaca por defender a teoria da ação comunicativa e da democracia deliberativa. Em seu livro *A teoria do agir comunicativo*, de 1984, afirma:

> [...] não é a relação de um sujeito solitário com algo no mundo objetivo que pode ser representado e manipulado, mas a relação intersubjetiva, que sujeitos que falam e atuam assumem quando buscam o entendimento entre si, sobre algo. Ao fazer isto, os atores comunicativos movem-se por meio de uma linguagem natural, valendo-se de interpretações culturalmente transmitidas e referem-se a algo simultaneamente em um mundo objetivo, em seu mundo social comum e em seu próprio mundo subjetivo.
>
> Jürgen Habermas. *Teoria do agir comunicativo*. v. 1. Razão e racionalização da sociedade. Lisboa: Edições 70, 1984.

Jürgen Habermas.

1. Com a ajuda do professor, interprete a citação de Habermas sobre os atores comunicativos.
2. Escreva no caderno, com suas palavras, o que você entendeu sobre o que são e como se comportam esses atores.

Unidade 2   23

Por dentro da história

Culto do terreiro Ilê Axé Alá Obatalandê, em Lauro de Freitas (BA), 2014. Ao fundo, estão os tambores tradicionais do candomblé, chamados de rum, rumpi e lé.

Desde a Antiguidade, as sociedades humanas buscam meios de se comunicar com as divindades ou entidades que consideram sagradas. A comunicação é essencial na construção da identidade religiosa, e o desejo de se comunicar favoreceu a criação de técnicas, instrumentos e diferentes tipos de símbolos.

Nos cultos afro-brasileiros, o som e o ritmo de diferentes tambores representam a voz das divindades. Os tambores são usados para acompanhar as danças e como forma de invocar os orixás, entidades sobrenaturais na tradição dos iorubás. Para os fiéis, o som do tambor é o condutor do axé (força vital dos orixás).

Nos terreiros de candomblé, rum, rumpi e lé são os nomes que designam três tambores, elementos simbólicos dos quais se produz o "chamado" que conecta os fiéis a suas origens africanas e à memória de seus ancestrais. O rum, o maior desses tambores, tem som grave; o rumpi tem registro médio; e o lé, o menor, produz um som mais agudo.

Atividades

1. Leia uma história da tradição africana.

> Conta-se na tradição oral das matrizes africanas que no princípio havia apenas uma verdade no mundo. Entre *Orun* (mundo invisível e espiritual) e o *Aiê* (mundo natural e material) existia um espelho. Então, tudo o que estava no *Orun* se materializava no *Aiê*. Ou seja, tudo que existia no mundo espiritual acabava por aparecer no mundo material.
>
> Não existiam dúvidas sobre os acontecimentos serem verdadeiros, até que uma jovem menina que estava pilando mandioca, chamada *Mahura*, descuidou-se e bateu forte no espelho, que se quebrou, espalhando-se pelo mundo. *Mahura* correu desculpar-se com *Olorum*, mas ele estava tranquilo sentado à sombra de um *iroko* (planta sagrada e guardiã do terreiro). *Olorum* disse que a partir daquele dia não existiria mais uma verdade única, e quem encontrasse um pedaço do espelho em qualquer parte do mundo não encontraria mais do que uma parte da verdade, porque o espelho reflete a imagem do lugar onde se encontra.
>
> Elói Corrêa dos Santos. Lugares Sagrados. Em: Paraná. *Ensino Religioso*: diversidade cultural e religiosa. Curitiba: SEED/PR, 2013.

2. Com base na leitura da história, que mensagem podemos aprender sobre a verdade? Registre a resposta no caderno.

3. Compartilhe sua resposta com os colegas e o professor e converse sobre as opiniões da turma.

Unidade 2

O terreiro: lugar sagrado do candomblé

Os espaços físicos onde as comunidades religiosas se reúnem para celebrar seus cultos e rituais e se comunicar com as divindades são considerados sagrados. No candomblé, o terreiro é esse espaço.

Terreiro de candomblé Ilê Axé Alá Obatalandê, em Lauro de Freitas (BA), 2014.

Atividades

1. Pesquise, em livros e *sites*, informações sobre o candomblé e liste três objetos ou características dessa tradição religiosa, acompanhados do significado de cada um deles. Em seguida, complete o quadro com as informações que você pesquisou.

OBJETO OU ASPECTO DO CANDOMBLÉ	SIGNIFICADO

2. Conte aos colegas e ao professor as características e os significados que você encontrou. Depois, com a turma, elabore um cartaz sobre os principais aspectos do candomblé e exponha em um mural na escola.

Unidade 2

Experiências religiosas

O espiritismo é uma doutrina cristã segundo a qual o espírito sobrevive à morte e pode se comunicar com o mundo dos vivos. Para os seguidores dessa doutrina, quando alguém morre, seu espírito se desliga do corpo e permanece no mundo espiritual, preparando-se para uma nova encarnação, protegido por um anjo guardião.

Os praticantes do espiritismo acreditam que os espíritos de pessoas falecidas podem se comunicar com os vivos por meio dos médiuns, os quais, segundo essa doutrina, têm contato com os espíritos dos mortos, cujas mensagens são transmitidas de maneira verbal ou escrita. Por intermédio deles, os espíritos contam como estão, fazem revelações e dão conselhos aos vivos.

Em sua obra *O Livro dos médiuns*, o autor francês Allan Kardec (1804-1869) afirma:

> Toda pessoa que sente a influência dos Espíritos, em qualquer grau de intensidade, é médium. Essa faculdade é inerente ao homem. [...]
>
> Deve-se notar, ainda, que essa faculdade não se revela em todos da mesma maneira. Os médiuns têm, geralmente, aptidão especial para esta ou aquela ordem de fenômenos, o que os divide em tantas variedades quantas são as espécies de manifestações. As principais são: *médiuns de efeitos físicos, médiuns sensitivos ou impressionáveis, auditivos, falantes, videntes, sonâmbulos, curadores, pneumatógrafos, escreventes ou psicógrafos.*
>
> Allan Kardec. *O Livro dos médiuns*. Tradução de José Herculano Pires. Disponível em: <https://livrodosmediuns.wordpress.com/2a-parte-das-manifestacoesespiritas/cap-14-os-mediuns/>. Acesso em: 20 mar. 2019.

Atividades

1. Leia a tira a seguir e relacione-a ao que você acabou de ler sobre o espiritismo. Compartilhe oralmente suas impressões com os colegas e o professor.

NOS SONHOS

↑ Tira da Wilton Pontes, 2019.

2. Depois de conhecer um pouco sobre a comunicação no espiritismo, pesquise e responda: Por que o espiritismo é considerado uma doutrina cristã? Registre a resposta no caderno e converse sobre esse assunto com os colegas e o professor.

Chico Xavier

O mineiro Francisco Cândido Xavier nasceu no dia 2 de abril de 1910, na cidade de Pedro Leopoldo, e morreu em 30 de junho de 2002, em Uberaba. Esse famoso médium, conhecido como Chico Xavier, divulgou o espiritismo no Brasil e no mundo.

Xavier psicografou mais de quatrocentos livros e nunca admitiu ser o autor, atribuindo a autoria dos textos a espíritos que lhe ditavam o que escrever. Vendeu mais de 20 milhões de exemplares e sempre doou os direitos autorais a organizações espíritas e de caridade, ajudando muitas pessoas. Em reconhecimento, recebeu títulos de cidadão honorário em várias cidades do Brasil e foi homenageado por diversos compositores e artistas brasileiros, como o cantor Roberto Carlos.

Chico Xavier em Uberaba (MG).

Atividades

- Leia abaixo um texto psicografado por Chico Xavier e sublinhe as ideias que mais chamarem a sua atenção. Depois, reflita como essa mensagem se relaciona com a sua vida e converse com os colegas sobre o tema.

> A juventude pode ser comparada à esperançosa saída de um barco para viagem importante. A infância foi a preparação. A velhice será a chegada ao porto. Todas as fases requisitam as lições dos marinheiros experientes, aprendendo-se a organizar e a terminar a excursão com o êxito desejável. No estabelecimento de ensino, propriamente do mundo, podem instruir, mas só o instituto da família pode educar. É por essa razão que a universidade poderá fazer o cidadão, mas o lar é que consegue com mais eficiência edificar o homem. Justo não esquecer igualmente que, em qualquer idade, podemos e devemos operar a iluminação ou o aprimoramento de nós mesmos.
>
> Francisco Cândido Xavier e Emmanuel. *Plantão de paz*. São Paulo: GEEM, 1988.

Fique sabendo

Lançado em 2010 e dirigido por Daniel Filho, o filme *Chico Xavier* explora a história do famoso médium e fala sobre os princípios do espiritismo. Se possível, assista ao filme com os colegas ou com seus pais ou responsáveis. Depois, converse sobre a forma como Chico Xavier se comunicava com os espíritos.

Cartaz do filme *Chico Xavier*.

Unidade 2 27

Conexões

↑ O multiartista Carybé.

O argentino Hector Julio Páride Bernabó (1911-1997), conhecido como Carybé, foi um artista de muitos talentos, atuando como pintor, gravador, desenhista, ilustrador, mosaicista, ceramista, entalhador e muralista. Desde 1950, quando passou a viver em Salvador, interessou-se pela religiosidade, pelos costumes locais e pelo cotidiano de pescadores, de vendedores ambulantes, de capoeiristas e de lavadeiras.

Em sua trajetória, realizou mais de 5 mil trabalhos, contribuindo com ilustrações para livros de autores como Jorge Amado, Rubem Braga, Mário de Andrade e Gabriel García Márquez. Carybé morreu em 1997, no terreiro Axé Opô Afonjá, em Salvador.

O livro *Iconografia dos deuses africanos no candomblé da Bahia* destaca 128 aquarelas feitas por Carybé entre 1940 e 1980, resultado de quase trinta anos de pesquisa conduzida pelo artista. Observe uma dessas obras.

↑ Carybé. *Oxalá*, 1965. Óleo sobre tela, 59 × 129 cm.

O escritor baiano Jorge Amado (1912-2001) assim descreve esse amigo e artista:

> Os outros podem reunir dados físicos e secos, violentar o segredo com suas máquinas fotográficas e os gravadores e fazer em torno dele maior ou menor sensacionalismo, a serviço dos racismos mais diversos, mas apenas Carybé, e ninguém mais, poderia preservar os valores do candomblé da Bahia.
>
> Citado por Lucy Andrade. 100 anos de Carybé. *Leiamais.ba*, 7 fev. 2011. Disponível em: <https://leiamais.ba/2011/02/07/100-anos-de-carybe>. Acesso em: 26 mar. 2019.

Devoção e beleza

Carybé foi um artista que se encantou com o candomblé e, em muitas de suas obras, retratou os orixás e os valores religiosos dessa tradição.

A cultura afro-brasileira é um rico patrimônio do Brasil. Conhecer, valorizar e respeitar a história da África e suas diferentes manifestações culturais, participar da luta dos afrodescendentes, reconhecer sua importância fundamental na formação da sociedade brasileira e suas contribuições sociais, econômicas e políticas fazem parte da formação básica em cidadania.

A Congada é um exemplo de tradição brasileira com influência africana. Nessa festa, destacam-se os costumes dos povos de Angola e do Congo. Antonina (PR), 2017.

Atividades

1. Faça uma pesquisa sobre os orixás do candomblé e, depois, escreva abaixo o que descobriu sobre eles.
   _____
   _____
   _____
   _____

2. Escolha um dos orixás representados a seguir, pesquise sobre ele e descreva as características, os símbolos e os significados a ele atribuídos.

Iansã   Iemanjá   Oxum

_____
_____
_____
_____

Unidade 2 29

Espaço de diálogo

Cada religião tem seus próprios rituais para buscar a comunicação com as divindades, mas existe algo comum a todas as tradições religiosas: os fiéis acreditam que as divindades ouvem suas preces e atendem aos seus pedidos. No catolicismo, duas práticas ilustram essa crença, a Liturgia das Horas e a Oração Universal.

A Liturgia das Horas

Antigamente chamada de Ofício Divino, a Liturgia das Horas é a oração comunitária oficial da Igreja católica. Trata-se de um conjunto de orações composto de salmos, hinos e leituras bíblicas, entre outros recursos, para ser rezado em determinadas horas do dia, em comunhão com fiéis do mundo todo. Religiosos e inúmeros leigos cultivam essa tradição diariamente.

A Liturgia das Horas surgiu na Idade Média, com os monges beneditinos, que tinham como regra fazer orações durante suas viagens. Para rezar as "horas menores" (às 9, 12 e 15 horas), não era necessário ir à igreja, mas, ao ouvir o som dos sinos, os monges deviam interromper suas ocupações e rezar onde estivessem, assim como fazem os muçulmanos. Para rezar as "horas maiores", chamadas Laudes (oração da manhã) e Vésperas (oração da tarde), os monges deviam se reunir na capela ou na igreja.

A partir do século XII, boa parte dos fiéis católicos passou a usar um volume abreviado desse conjunto de orações, mais prático para levar em viagens. A publicação da primeira edição desse volume foi incentivada por freis franciscanos. E a revisão das orações foi realizada em 1970, pelo papa Paulo VI. Atualmente, a Liturgia das Horas está disponível até mesmo em aplicativos de celular, o que facilita seu uso pelos fiéis.

A Oração Universal

Você já participou de uma missa e prestou atenção no momento em que os fiéis fazem pedidos a Deus, repetindo, ao final de cada oração: "Senhor, escutai a nossa prece"? Isso ocorre após as orações dos fiéis. Em geral, os pedidos estão na seguinte ordem:

1. Pelas necessidades da Igreja;
2. pelas autoridades civis, para que governem conforme os princípios da justiça e do bem comum;
3. por todas as pessoas que sofrem dificuldades;
4. pela comunidade local.

Oração mundial pela paz

Você sabia que todos os anos, no primeiro dia de janeiro, comemora-se o Dia Mundial da Paz?

Nesse dia, muitas igrejas se reúnem para momentos de oração e reflexão. Na mensagem que proferiu em 1º de janeiro de 2018, o papa Francisco destacou a condição de migrantes e refugiados. Leia um trecho a seguir.

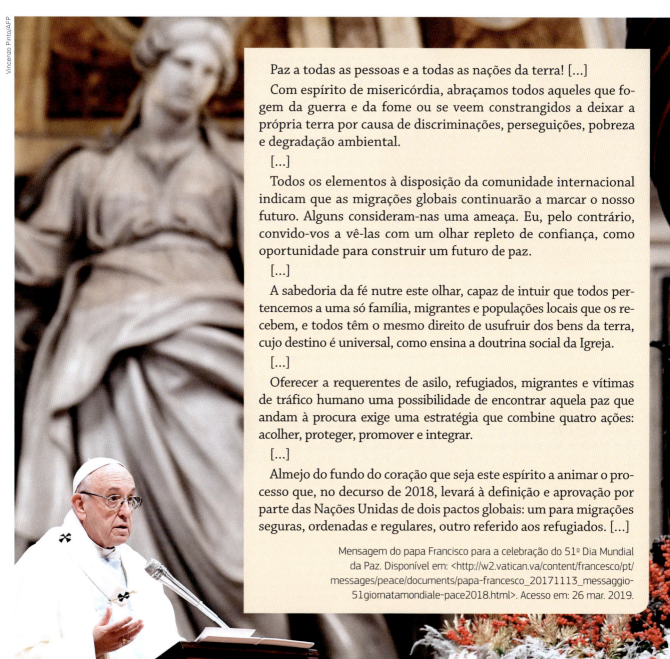

Paz a todas as pessoas e a todas as nações da terra! [...]

Com espírito de misericórdia, abraçamos todos aqueles que fogem da guerra e da fome ou se veem constrangidos a deixar a própria terra por causa de discriminações, perseguições, pobreza e degradação ambiental.

[...]

Todos os elementos à disposição da comunidade internacional indicam que as migrações globais continuarão a marcar o nosso futuro. Alguns consideram-nas uma ameaça. Eu, pelo contrário, convido-vos a vê-las com um olhar repleto de confiança, como oportunidade para construir um futuro de paz.

[...]

A sabedoria da fé nutre este olhar, capaz de intuir que todos pertencemos a uma só família, migrantes e populações locais que os recebem, e todos têm o mesmo direito de usufruir dos bens da terra, cujo destino é universal, como ensina a doutrina social da Igreja.

[...]

Oferecer a requerentes de asilo, refugiados, migrantes e vítimas de tráfico humano uma possibilidade de encontrar aquela paz que andam à procura exige uma estratégia que combine quatro ações: acolher, proteger, promover e integrar.

[...]

Almejo do fundo do coração que seja este espírito a animar o processo que, no decurso de 2018, levará à definição e aprovação por parte das Nações Unidas de dois pactos globais: um para migrações seguras, ordenadas e regulares, outro referido aos refugiados. [...]

Mensagem do papa Francisco para a celebração do 51º Dia Mundial da Paz. Disponível em: <http://w2.vatican.va/content/francesco/pt/messages/peace/documents/papa-francesco_20171113_messaggio-51giornatamondiale-pace2018.html>. Acesso em: 26 mar. 2019.

Papa Francisco durante celebração do Dia Mundial da Paz, na Basílica de São Pedro, Vaticano, 2018.

Atividades

- Com a orientação do professor, busque informações sobre o Pacto Global para Migração, elaborado pela Organização das Nações Unidas. Registre no caderno as principais propostas desse pacto voltadas à garantia da paz e da justiça para migrantes e refugiados.

Unidade 2 31

Atitudes de paz

A fé é essencial na comunicação com Deus. As pessoas acreditam que Deus escuta suas orações e, se tiverem fé e esperança, obterão o que precisam.

No filme *Cartas para Deus*, de David Nixon e Patrick Doughtie, inspirado em fatos reais, uma criança com câncer escreve mensagens para Deus pedindo a recuperação de sua saúde.

Falar com Deus é também o tema de um clássico da música popular brasileira. Você conhece a canção "Se eu quiser falar com Deus", de Gilberto Gil? Essa música foi lançada em 1981, mas ainda hoje é cantada e aplaudida nos *shows* desse artista. Leia abaixo um trecho de sua letra.

Cartaz do filme *Cartas para Deus* (2010).

Se eu quiser falar com Deus
Tenho que ficar a sós
Tenho que apagar a luz
Tenho que calar a voz
Tenho que encontrar a paz
Tenho que folgar os nós
Dos sapatos, da gravata
Dos desejos, dos receios
Tenho que esquecer a data
Tenho que perder a conta
Tenho que ter mãos vazias
Ter a alma e o corpo nus
[...]

Se eu quiser falar com Deus
Tenho que me aventurar
Tenho que subir aos céus
Sem cordas pra segurar
Tenho que dizer adeus
Dar as costas, caminhar
Decidido, pela estrada
Que ao findar vai dar em nada
Nada, nada, nada, nada
Nada, nada, nada, nada
Nada, nada, nada, nada
Do que eu pensava encontrar

Gilberto Gil. Se eu quiser falar com Deus. Intérprete: Gilberto Gil. Em: *Luar (A gente precisa ver o luar)*. São Paulo: Warner Music, 1981. 1 CD. Faixa 10.

1. Responda no caderno:
   a. Quais são as formas de comunicação com Deus apresentadas no filme e na letra da canção?
   b. Você costuma se comunicar com Deus? Como?

2. Agora, entreviste uma pessoa religiosa e pergunte sobre como ela se comunica com Deus e o que ela costuma expressar nessas ocasiões. Registre no caderno as respostas obtidas e compartilhe-as com os colegas.

3. Se possível, assista com os colegas e o professor ao filme *Cartas para Deus* e, depois, ouça a canção "Se eu quiser falar com Deus". Em seguida, converse com a turma sobre suas impressões.

Pessoas com autismo

Nesta unidade, falamos bastante sobre formas de se comunicar com Deus e expressar nossa religiosidade. Agora, vamos refletir um pouco sobre a dificuldade de comunicação que afeta algumas pessoas.

O filme de animação *Mary e Max: uma amizade diferente*, de Adam Elliot, lançado em 2009, conta a história de amizade entre uma menina de 8 anos que vive na cidade de Melbourne, na Austrália, e Max, um senhor de 44 anos que mora em Nova York, nos Estados Unidos.

Mary é uma menina solitária, que não recebe atenção de seus pais e cujo único amigo é um galo. Um dia, decide escrever uma carta a um endereço aleatório nos Estados Unidos e passa a se comunicar com Max, que tem Síndrome de Asperger. Apesar das diferenças, os dois firmam uma amizade e continuam se correspondendo por décadas.

Cena do filme *Mary e Max: uma amizade diferente*.

Entre as várias temáticas discutidas no filme, as personagens mostram a dificuldade enfrentada por uma pessoa com Síndrome de Asperger. Você já ouviu falar sobre essa condição?

Essa síndrome está relacionada ao Transtorno do Espectro Autista (TEA). As pessoas com essa síndrome apresentam dificuldades de comunicação e interação sociais e de domínio da linguagem, além de terem comportamentos repetitivos e restritivos.

1. Pesquise sobre o Transtorno do Espectro Autista e sobre a Lei n. 12 764, de 2012, conhecida como Lei Berenice Piana, que instituiu a Política Nacional de Proteção dos Direitos da Pessoa com Transtorno do Espectro Autista. Anote no caderno as informações que encontrar e compartilhe suas descobertas com os colegas e o professor.

2. Você sabia que as pessoas com autismo têm direito a atendimento preferencial? Pesquise sobre o símbolo do autismo e anote seu significado no caderno.

Informações das placas de atendimento preferencial.

3. Você sabe o significado dos demais símbolos presentes nessa imagem? Converse com os colegas e o professor.

4. Se possível, assista ao filme *Mary e Max* e, depois, converse com os colegas sobre suas impressões.

Mais atividades

Vimos nesta unidade que a oração é um dos meios de conversar com Deus. Sabemos que fiéis de diversas religiões dispõem de vários rituais voltados a essa comunicação, acreditando que as divindades podem escutar suas preces e atendê-las.

1. Complete o quadro para descobrir a principal oração diária feita pelos muçulmanos. Para decifrar a mensagem, substitua os números por letras de acordo com a legenda. Depois, registre-a no caderno, acentuando as palavras e pontuando as frases, se necessário.

```
1 2   3 4 2 1   5 1   6 7 6   8 7 1 2 1 3 9 1

2 10 11 1 12 10 8 4 12 5 10 4 11 4   9 4 5 4 11   4 11   7 4 13 14 4 12 1 11

11 6 4   15 6 12 6   6 7 6   4   11 1 3 16 4 12   5 1   9 4 5 4 11

4 11   2 13 3 5 4 11   8 7 1 2 1 3 9 1   2 10 11 1 12 10 8 4 12 5 10 4 11 4

11 4 17 1 12 6 3 4   5 4   5 10 6   5 4   18 13 10 19 4   11 4   6   9 10

10 2 15 7 4 12 6 2 4 11   6 18 13 5 6   20 13 10 6 3 4 11   6   11 1 3 5 6

12 1 9 6   6   11 1 3 5 6   5 4 11   21 13 1   6 20 12 6 8 10 6 11 9 1

3 6 4   6   5 4 11   6 17 4 2 10 3 6 5 4 11   3 1 2   6   5 4 11

1 22 9 12 6 14 10 6 5 4 11
```

LEGENDA

A = 6	N = 3
B = 17	O = 4
C = 8	P = 15
D = 5	Q = 21
E = 1	R = 12
G = 20	S = 11
H = 16	T = 9
I = 10	U = 13
J = 18	V = 14
L = 7	X = 22
M = 2	Z = 19

2. A oração é um dos pilares do islamismo. Os muçulmanos rezam cinco vezes ao dia: ao nascer do sol, ao meio-dia, entre as três e as cinco horas da tarde, depois do pôr do sol e antes da meia-noite. O ritual orienta que, ao rezar, os fiéis devem se ajoelhar na direção de Meca, cidade sagrada do islã, e tocar o chão com a testa, prostrando-se com humildade perante Alá. Com base nisso, responda:

Homem muçulmano durante ritual de oração para Alá.

a. Que características você percebe no ritual de oração dos fiéis muçulmanos?

_____
_____
_____

b. Algumas dessas características são semelhantes às práticas da sua religião ou de outra religião que você conhece? Quais?

_____
_____
_____

3. Nesta unidade, estudamos também o candomblé. Você sabia que, no Brasil, essa tradição religiosa é alvo de preconceito e intolerância? Pesquise sobre esse assunto e, depois, imagine que você tenha sido convidado a escrever um texto informativo para um jornal da cidade onde mora, com o objetivo de sensibilizar a população para as práticas religiosas do candomblé. Reflita sobre o tema e, em seguida, escreva o seu texto. Você pode optar por um enfoque mais geral ou destacar apenas alguns elementos. Feito isso, compartilhe com os colegas e o professor a sua produção.

Terreiro Ilê Axé Alá Obatalandê, em Lauro de Freitas (BA), 2014.

_____
_____
_____
_____
_____

Unidade 2   35

Unidade 3
O sagrado na natureza

- Você conhece a flor de girassol?
- Você sabia que essa flor é um símbolo sagrado?
- Qual será o sentido religioso dos elementos naturais?

Para começo de conversa

Os elementos da natureza estão presentes em muitas situações do nosso cotidiano. Ao acordar, por exemplo, usamos a água para fazer a higiene pessoal e para preparar o café da manhã, entre muitas outras atividades.

Será que é possível viver sem água? Já faltou água em sua casa? Como foi essa experiência?

Atividades

- Leia o texto a respeito da flor de girassol na mitologia grega e, em seguida, converse com os colegas e o professor sobre as questões propostas.

> Clície [...] era uma ninfa que estava apaixonada por Hélio, o deus do Sol. Quando este a trocou por Leucoteia, Clície [...] ficava sentada no chão frio [...] se alimentando apenas das suas próprias lágrimas.
>
> Enquanto o Sol estava no céu, Clície não desviava dele o seu olhar [...], mas, durante a noite, o seu rosto se virava para o chão, continuando então a chorar. Com o passar do tempo, os seus pés ganharam raízes e a sua face se transformou em uma flor, que continuou seguindo o Sol.
>
> Significado da flor de girassol. Disponível em: <https://www.significados.com.br/flor-de-girassol>. Acesso em: 20 maio 2019.

⬆ Charles de Lafosse. *Clície transformada em girassol*, 1688. Óleo sobre tela, 131 cm × 159 cm.

a. Quais são os elementos naturais citados no texto?
b. No texto, que sentido religioso esses elementos adquirem?

Curiosidade filosófica

O filósofo grego Empédocles de Agrigento (cerca de 495 a.C.-435 a.C.) defendeu a teoria de que tudo é feito de quatro elementos básicos: fogo, ar, água e terra. Para ele, esses elementos têm a mesma importância, não havendo condição de superioridade entre eles. O filósofo chamou-os de elementos raízes e identificou-os com nomes divinos:

> Ouve primeiro das quatro raízes de todas as coisas: Zeus brilhante, Hera vivificante, e Aidoneus e Nestis, que deixa correr de suas lágrimas fontes terrenas.
>
> Citado por Gerd A. Bornheim (Org.). *Os filósofos pré-socráticos*. São Paulo: Cultrix, 1967. p. 66.

⬆ Retrato de Empédocles de Agrigento por D. Cunego, 1785.

1. Como você entende a frase do filósofo: "Ouve primeiro das quatro raízes de todas as coisas"? Conte aos colegas.

2. Você já percebeu o uso de um dos quatro elementos em alguma prática religiosa? Que elemento é esse e em qual religião está presente? Responda no caderno.

Unidade 3   37

Por dentro da história

O fogo acompanha a história humana desde nossos primeiros antepassados, que já o cultuavam e temiam seu poder. Por isso mesmo, atribuíam aos deuses a posse e o domínio desse elemento.

Dominar o fogo significou um grande salto para os grupos humanos, que passaram a utilizá-lo para se aquecer, cozinhar os alimentos, se proteger de animais selvagens e enfrentar a escuridão.

No hinduísmo, o fogo é um símbolo sagrado que representa a consciência material. Os seguidores dessa religião acreditam que o calor do fogo transmite as bênçãos de Deus.

Entre os hindus, o ritual do fogo sagrado é chamado de *yajña*, e o que sacraliza esse elemento é a atitude com a qual se prepara o ritual. Nessa celebração, eles utilizam o *samagri*, uma mistura de ervas medicinais, doces e cereais oferecida ao fogo com a intenção de purificar o ambiente. Com esse ritual, o hindu se dispõe a queimar seu próprio ego (sentidos, emoções e pensamentos), com o objetivo de transformá-lo e purificá-lo.

Hindus durante ritual *yajña*, na Índia, 2018.

Atividades

- Agora, que tal realizar algumas pesquisas?
  - **a.** Em grupo com mais três colegas, pesquise sobre outros rituais cujo elemento central seja o fogo. Juntos, escolham um ritual para se aprofundar. Lembrem-se de que vocês podem buscar informações sobre rituais de qualquer religião. Anotem no caderno o que encontrar.
  - **b.** Converse com os colegas de grupo sobre um modo de apresentar o ritual pesquisado à turma e ao professor. Vocês podem optar por utilizar cartazes com textos e imagens ou criar uma apresentação no computador, por exemplo. O importante é mostrar de que forma o ritual incorpora o fogo e o que esse elemento representa para a religião.
  - **c.** Combine com a turma uma data para a apresentação e preste atenção na fala dos colegas. Depois, converse com eles sobre as semelhanças e as diferenças entre os rituais pesquisados.

O fogo como símbolo sagrado

O fogo está presente em várias festas do hinduísmo, como a Festa das Luzes, também conhecida como ritual *diwali*, na qual se acendem velas para celebrar a chegada de um novo ano.

Também nas celebrações de casamento hindu, o fogo é um símbolo importante. Alguns ritos desse tipo de celebração, realizada como um ritual de invocação aos deuses para alcançar vida gloriosa, merecem destaque:

- O casal oferece arroz e manteiga ao fogo, simbolizando a igualdade de seus direitos e deveres.
- Depois de dar quatro voltas ao redor do fogo sagrado, o casal passa a ser considerado marido e mulher. Esse momento marca a promessa do homem de proteger a mulher por toda a vida, enquanto ela promete conduzir o marido pelo caminho da verdade.
- As quatro voltas ao redor do fogo representam religião, dever e retidão (*dharma*); prosperidade (*artha*); energia e paixão (*kama*); libertação (*moksha*).

Mulher acende velas durante a Festa das Luzes, na Índia, 2018.

Casal dando voltas ao redor do fogo durante cerimônia de casamento hindu, na Índia, 2016.

Atividades

- Pesquise o ritual católico realizado na Vigília do Domingo de Páscoa e anote no caderno os resultados encontrados. Se possível, busque também imagens desse ritual. Depois, compartilhe com os colegas as informações que você obteve.

Experiências religiosas

Na história da humanidade, os rios foram primordiais no surgimento das civilizações. Em torno dos rios Tigre e Eufrates, originaram-se os sumérios; às margens do Nilo, os egípcios; junto aos rios Amarelo e Azul, os chineses; às margens do rio Indo, os indianos.

Para os seguidores do hinduísmo, o Ganges é o mais sagrado de todos os rios, considerado a continuação do céu, uma ponte sagrada para o divino. Os hinduístas costumam banhar-se no Ganges com o objetivo de purificar seu espírito e seu corpo. Também nos rituais fúnebres há o costume de lançar as cinzas dos mortos no rio. Por meio desse ato eles acreditam que se dá a transição para os céus.

Uma das maiores festas religiosas do mundo é o Maha Kumbh Mela, que reúne seguidores do hinduísmo de diferentes países e acontece na cidade indiana de Allahabad, no ponto de encontro dos rios Ganges e Yamuna.

Milhões de peregrinos participam desse festival, em que os fiéis mergulham nas águas do Ganges em sinal de purificação e recitam cânticos religiosos. Ao amanhecer, os primeiros a se banhar no Ganges são os *sadhus*, respeitados como santos, que se destacam por sua sabedoria e por suas práticas espirituais.

Milhares de fiéis do hinduísmo esperam para banhar-se nas águas dos rios Ganges e Yamuna durante Maha Kumbh Mela, em Allahabad, Índia, 2013.

Atividades

1. Você já deve ter ouvido falar das famosas cataratas do Iguaçu. Para os indígenas kaingang, as cataratas representam a trégua entre o bem e o mal na natureza, na história do povo e em cada indivíduo dessa etnia. Pesquise informações do povo Kaingang e, depois, em uma folha à parte, crie uma história em quadrinhos com base no que encontrar.

2. Troque seus quadrinhos com os de um colega e, em seguida, produza uma nova história em quadrinhos em tamanho maior, para ser exposta no mural da escola.

Iemanjá, a mãe das águas

Iemanjá é o grande orixá feminino, cujo nome vem do iorubá e significa "mãe dos filhos peixes", sendo reverenciada nas tradições religiosas afro-brasileiras como mãe de todos os orixás. O culto a Iemanjá vem da região do continente africano onde hoje são os países Nigéria e Angola. Em Luanda, cidade angolana, Iemanjá é conhecida como Kianda e recebe homenagens semelhantes às que lhe são feitas no Brasil.

No dia 2 de fevereiro, em Salvador, realiza-se uma grande celebração a Iemanjá. Durante essa festa, pescadores e seguidores do candomblé se reúnem no bairro do Rio Vermelho e prestam homenagem à Rainha do Mar, ofertando-lhe flores, alimentos, perfumes e joias.

É curioso destacar que, nessa ocasião, também se realizam comemorações pela festa católica de Nossa Senhora dos Navegantes, nos estados do Rio Grande do Sul e de Santa Catarina. Tais celebrações se caracterizam pelo **sincretismo religioso**.

Festa de Iemanjá em Salvador (BA), 2014.

Festa de Nossa Senhora dos Navegantes em Porto Alegre (RS), 2014.

Atividades

- Pesquise o significado do termo **sincretismo religioso**. Anote os resultados no caderno e, depois, converse com os colegas e o professor sobre o que você entendeu do assunto.

Conexões

Os quatro elementos da natureza – terra, água, ar e fogo – são significativos em rituais de diferentes tradições religiosas. Em algumas religiões afro-brasileiras, por exemplo, esses elementos são associados aos orixás, mas essas relações podem variar de acordo com a tradição religiosa.

Terra
Identificada em algumas nações de candomblé com Nanã, simboliza a maternidade e a fonte de todas as formas de vida.

Água
Identificada com Oxum, simboliza a fonte da vida. Tem a capacidade de desintegrar, lavar, purificar e regenerar.

Ar
Identificado com Oxalá, simboliza o início de todas as ações humanas. Torna a vida possível por meio da respiração.

Fogo
Identificado com Exu, simboliza libertação. Representa mudança incessante, contraste e harmonia.

Ilustrações: Arthur Duarte/ID/BR

Atividades

1. Converse com os colegas e o professor sobre o significado dos quatro elementos da natureza para as tradições religiosas.

2. Identifique um dos elementos naturais com algum ritual ou símbolo religioso que você conhece. Anote sua resposta no caderno e, depois, descreva para os colegas o significado desse ritual ou símbolo.

42 Unidade 3

Terra, água, ar e fogo: uma celebração da vida

Com base no que vimos até aqui, é possível perceber que os elementos da natureza fazem parte da vida e das experiências religiosas de todos nós, proporcionando sentido e motivação.

Atividades

- Com ajuda do professor, você e os colegas devem se organizar em quatro grupos. Cada grupo ficará responsável por um elemento da natureza, que deverá ser trabalhado de acordo com o roteiro a seguir.

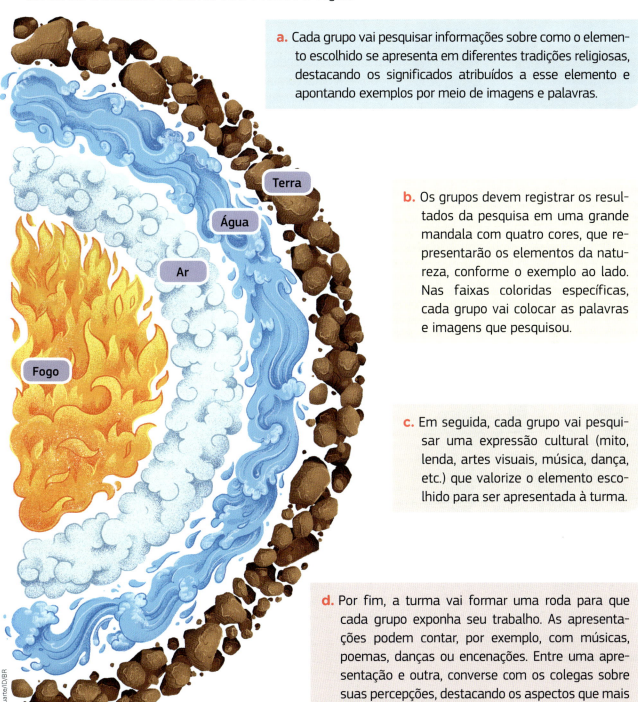

a. Cada grupo vai pesquisar informações sobre como o elemento escolhido se apresenta em diferentes tradições religiosas, destacando os significados atribuídos a esse elemento e apontando exemplos por meio de imagens e palavras.

b. Os grupos devem registrar os resultados da pesquisa em uma grande mandala com quatro cores, que representarão os elementos da natureza, conforme o exemplo ao lado. Nas faixas coloridas específicas, cada grupo vai colocar as palavras e imagens que pesquisou.

c. Em seguida, cada grupo vai pesquisar uma expressão cultural (mito, lenda, artes visuais, música, dança, etc.) que valorize o elemento escolhido para ser apresentada à turma.

d. Por fim, a turma vai formar uma roda para que cada grupo exponha seu trabalho. As apresentações podem contar, por exemplo, com músicas, poemas, danças ou encenações. Entre uma apresentação e outra, converse com os colegas sobre suas percepções, destacando os aspectos que mais chamaram a sua atenção.

Espaço de diálogo

Nesta unidade, vimos que a água é um elemento essencial em muitas práticas religiosas. Ela expressa e dá sentido aos rituais de purificação dos fiéis. Veja a seguir alguns exemplos do simbolismo desse elemento em diferentes tradições religiosas.

Xintoísmo

Nos santuários xintoístas, os fiéis praticam o *temizu*, ritual de purificação realizado na entrada do templo. Os visitantes lavam as mãos e a boca com a ajuda de conchas (*hishaku*), antes de entrar no santuário principal, conhecido como *shaden*. Esse ritual evoca a necessidade de limpar o espírito das impurezas do mundo.

⬅ Ritual de lavar as mãos em santuário xintoísta.

Umbanda

Os umbandistas praticam o banho de cheiro, ritual que simboliza a troca de energias com a natureza. Os fiéis acreditam que esse banho, feito com ervas aromáticas, restabelece o equilíbrio energético do corpo, da mente e do espírito. Além disso, os umbandistas usam também água com ervas para abençoar os fiéis.

Água de cheiro para bênçãos de axé ➡ na umbanda.

Islamismo

Antes de realizar o salá (*salat*), oração feita pelos muçulmanos cinco vezes ao dia, voltados para Meca, é necessário purificar-se, lavando os pés, as mãos, os antebraços, o rosto e a boca. Às vezes, os fiéis banham o corpo inteiro. No pátio das mesquitas, há pias e fontes para que realizem esse ritual. No caso de estar em um local onde não haja água, ou em que a água seja impura e inapropriada para o ritual, os fiéis podem lavar-se com areia ou terra.

⬅ Muçulmanos lavam o antebraço em uma mesquita.

Atividades

- Identifique e sublinhe no texto o(s) trecho(s) que aborda(m) o sentido atribuído pelos muçulmanos à utilização ritual da água. Depois, compartilhe sua resposta com os colegas.

O acesso à água é um direito de todos

Em 2018, como parte da programação do Fórum Alternativo Mundial da Água (Fama), realizou-se em 22 de março, Dia Mundial da Água, uma marcha em defesa desse elemento natural. A ocasião contou com a participação de povos indígenas e de fiéis de diferentes igrejas.

Nesse evento, membros e parceiros da Rede Ecumênica de Água, vinculada ao Conselho Mundial de Igrejas, ratificaram a Declaração Ecumênica sobre a Água como Direito Humano e Bem Público.

Observe a imagem ao lado. Que mensagem é possível identificar na faixa?

↑ Manifestantes durante o Fórum Alternativo Mundial da Água, em Brasília, Distrito Federal, 2018.

Fique sabendo

A preservação e a distribuição da água é um assunto que preocupa diversos líderes religiosos. O papa Francisco, em sua encíclica *Laudato Si'*, escreveu:

> Enquanto a qualidade da água disponível piora constantemente, em alguns lugares cresce a tendência para se privatizar este recurso escasso, tornando[-o] uma mercadoria sujeita às leis do mercado. Na realidade, *o acesso à água potável e segura é um direito humano essencial, fundamental e universal, porque determina a sobrevivência das pessoas e, portanto, é condição para o exercício dos outros direitos humanos*. Este mundo tem uma grande dívida social para com os pobres que não têm acesso à água potável, porque isto *é negar-lhes o direito à vida* [...].
>
> Papa Francisco. *Laudato Si'*, 24 maio 2015. Disponível em: <http://w2.vatican.va/content/francesco/pt/encyclicals/documents/papa-francesco_20150524_enciclica-laudato-si.html>. Acesso em: 26 mar. 2019.

↑ Garotas africanas da tribo Borana, Etiópia, carregando água em galões, em 2017. Em algumas tribos africanas, é comum que mulheres e jovens meninas andem quilômetros para encontrar água potável.

Atividades

1. Com a ajuda do professor, busque informações sobre a situação da água potável no mundo e sobre a Declaração Ecumênica sobre a Água como Direito Humano e Bem Público. Registre os resultados da pesquisa no caderno.

2. Com os colegas, leia a mensagem do papa Francisco sobre a água como direito humano. Depois, discuta as recomendações do papa e relacione-as com a pesquisa que você realizou.

3. Em grupo com mais quatro colegas, elaborem um cartaz sintetizando o que vocês pesquisaram e o que discutiram sobre a mensagem do papa Francisco. Depois, exponham o cartaz em um mural na escola.

Atitudes de paz

Os meios de comunicação nos alertam constantemente quanto à necessidade de cuidar do planeta Terra e mudar nosso modo de vida, a fim de garantir a preservação dos recursos e diminuir os impactos ambientais. Especialistas declaram que estamos vivendo uma crise ambiental.

O político e ambientalista Al Gore, ex-vice-presidente dos Estados Unidos e ganhador do Prêmio Nobel da Paz, lançou um apelo, em 2018, por uma "revolução da sustentabilidade", afirmando que o mundo precisa atentar para o que diz o papa Francisco acerca da defesa do ambiente. Leia a seguir um trecho da entrevista do ambientalista.

Al Gore palestrando sobre a necessidade de mudança durante a Convenção-Quadro das Nações Unidas sobre Mudanças Climáticas, na Polônia em 2018.

[...] E não apenas a humanidade está em risco: de acordo com os biólogos de fama internacional, quase a metade de todas as espécies vivas com as quais compartilhamos a vida nesta Terra corre o risco de se extinguir durante este século. O Senhor ordenou que Noé recolhesse em sua arca dois animais de cada espécie para "mantê-los vivos com ele": acredito que esse pedido também é válido para nós.

[...]

[...] Então, nós realmente não temos escolha. Temos que resolver a crise climática. Como o Papa Francisco disse, "se destruirmos a criação, a criação nos destruirá".

Al Gore: mundo ouça o papa Francisco na defesa do meio ambiente. *Vatican News*. Disponível em: <https://www.vaticannews.va/pt/mundo/news/2018-07/al-gore-mundo-ouca-papa-francisco-defesa-meio-ambiente.print.html>. Acesso em: 25 mar. 2019.

Em 2002, o teólogo brasileiro Leonardo Boff publicou o livro *Do iceberg à Arca de Noé: o nascimento de uma ética planetária*. Na síntese desse livro, ele afirma:

A globalização traz consigo uma consciência planetária. Temos apenas esse planeta para morar. Importa cuidar dele como cuidamos de nossas casas e de nossos corpos. E estamos todos ameaçados seja pelo arsenal de armas nucleares e químicas já construídas e armazenadas que podem destruir a biosfera, seja pela sistemática agressão aos ecossistemas que colocam em risco o futuro do Planeta. Dessa vez não haverá uma arca de Noé que salve alguns e deixe perecer os demais. Ou nos salvamos todos, biosfera e humanos, ou perecemos todos.

Leonardo Boff. *Do iceberg à Arca de Noé*: o nascimento de uma ética planetária. 2. ed. Rio de Janeiro: Mar de Ideias, 2010. p. 126.

Do iceberg à Arca de Noé, de Leonardo Boff.

- Com base na leitura dos textos, discuta com os colegas e o professor sobre o título do livro de Leonardo Boff. Depois, responda oralmente: Como você interpreta os textos? Você concorda com o que seus autores dizem? Justifique sua resposta.

Desastres naturais

Nos últimos anos, assistimos a um grande número de desastres naturais. Em 2018, ocorreram terremotos e *tsunami* na Indonésia. Além disso, um incêndio de grandes proporções alastrou-se em florestas da Califórnia, Estados Unidos, nesse mesmo ano.

Você já se perguntou por que acontecem esses desastres? Por que Deus permite que eles aconteçam? São obras de Deus ou acontecem por causa das ações humanas?

Incêndio florestal na Califórnia, Estados Unidos, em 2018.

1. Com os colegas e o professor, organize um debate sobre as questões propostas acima.
2. Imagine que você precisa esclarecer essas questões por meio de um texto a ser publicado em um jornal. Escreva seu texto levando em conta as conclusões do debate que você e os colegas realizaram.

_____
_____
_____
_____
_____
_____
_____

3. Para concluir, apresente sua produção aos colegas. Com o professor, escrevam um texto coletivo sobre o tema. Finalizado o texto, providenciem que ele seja exposto em um mural na escola.

Unidade 3

Mais atividades

Você já ouviu a expressão **Pachamama**? Sabe o que ela significa?

Pachamama, ou Pacha Mama, é um termo quíchua para designar a Mãe Terra (Pacha, "universo, tempo, lugar"; Mama, "mãe"), divindade maior dos povos indígenas dos Andes centrais, relacionada à fertilidade e ao feminino.

Segundo tradições religiosas dos povos nativos da América Latina, precisamos viver em harmonia com a Mãe Terra. Somos seus filhos e, por isso, a ela devemos respeito e cuidado. Para os povos indígenas, a Terra é sagrada, e não uma propriedade humana que pode ser comprada ou vendida.

Essa compreensão já inspirou e continua motivando músicos, escultores, pintores, poetas e artistas a expressar suas emoções em relação à Mãe Terra. Teólogos, ambientalistas, políticos e lideranças religiosas também têm defendido essa relação com a natureza. Países como a Bolívia já reconhecem em sua legislação os direitos da Mãe Terra. Além disso, já se proclamou mundialmente a Declaração Universal dos Direitos da Mãe Terra.

Entretanto, apesar do movimento internacional socioambiental, a situação do planeta permanece grave, e as respostas positivas ainda são incipientes.

> **quíchua:** também chamado de quechua ou quéchua, é a língua falada por povos indígenas dos países Argentina, Chile, Colômbia, Peru, Bolívia e Equador. Nestes três últimos, é considerado língua oficial.

← Ritual aimará para Pachamama, em 2009.

1. Leia o trecho de um texto do autor uruguaio Eduardo Galeano (1940-2015) escrito em 2008, quando o Equador elaborava uma nova Constituição e discutia a possibilidade de nela reconhecer os direitos da natureza. Depois, converse com os colegas e o professor sobre as questões a seguir.

> O mundo pinta naturezas mortas, sucumbem os bosques naturais, derretem-se os polos, o ar torna-se irrespirável, e a água, imprestável, plastificam-se as flores e a comida, e o céu e a terra ficam completamente loucos.
>
> [...]
>
> A natureza tem muito a dizer, e já vai sendo hora de que nós, seus filhos, paremos de nos fingir de surdos. E talvez até Deus escute o chamado que soa saindo deste país andino, e acrescente o décimo primeiro mandamento, que ele esqueceu nas instruções que nos deu lá do monte Sinai: "Amarás a natureza, da qual fazes parte".
>
> Eduardo Galeano. A natureza não é muda. *Carta Maior*. Disponível em: <https://www.cartamaior.com.br/?/Editoria/Meio-Ambiente/A-natureza-nao-e-muda/3/14112>. Acesso em: 25 mar. 2019.

a. Qual é a opinião do autor do texto?

b. Você concorda com o autor? Justifique sua resposta.

2. Com a ajuda do professor, analise a mensagem da charge ao lado. Depois, responda às questões no caderno.

   a. Qual é a sua opinião sobre o tema socioambiental?

   b. Você acredita que, se não forem tomadas medidas urgentes de proteção ao meio ambiente, a vida humana no planeta pode acabar?

   c. Você considera que os governos poderiam tomar decisões mais radicais em relação ao meio ambiente? Justifique sua resposta.

Charge do artista Santo, 2012.

3. Na encíclica *Laudato Si'*, o papa Francisco recorda o cântico de São Francisco de Assis e faz referência à Mãe Terra, a qual nos sustenta e governa e também produz frutos. Ele chama atenção para os males que temos provocado de forma irresponsável e nos convida a cuidar da nossa casa comum. Nessa carta, o papa ainda nos convida a fortalecer nossas convicções de fé e a lembrar que o Senhor é amigo da vida; por isso fazemos parte de uma família universal. Para ler um trecho da mensagem do papa Francisco, vá girando o livro no sentido anti-horário. Depois, converse com os colegas e o professor sobre o que você entendeu da mensagem.

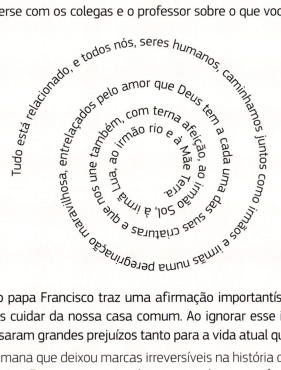

Tudo está relacionado, e todos nós, seres humanos, caminhamos juntos como irmãos e irmãs numa peregrinação maravilhosa, entrelaçados pelo amor que Deus tem a cada uma das suas criaturas e que nos une também, com terna afeição, ao irmão Sol, à irmã Lua, ao irmão rio e à Mãe Terra.

Papa Francisco. *Laudato Si'*, 24 maio 2015. Disponível em: <http://w2.vatican.va/content/francesco/pt/encyclicals/documents/papa-francesco_20150524_enciclica-laudato-si.html>. Acesso em: 10 jun. 2019. Adaptado para fins didáticos.

4. O início da mensagem do papa Francisco traz uma afirmação importantíssima, a qual precisamos compreender para que possamos cuidar da nossa casa comum. Ao ignorar esse imperativo ao longo do tempo, as sociedades humanas causaram grandes prejuízos tanto para a vida atual quanto para a das futuras gerações.

   a. Pesquise uma ação humana que deixou marcas irreversíveis na história da humanidade por não compreender o imperativo ecológico. Escreva a seguir sobre o exemplo que você pesquisou.

   _____
   _____
   _____

   b. Havia alternativas para evitar esse prejuízo? Quais? Compartilhe suas respostas com os colegas e o professor.

Unidade 4

O sagrado nos alimentos

- Você gosta de frutas? Qual é a sua fruta preferida?
- Você já viu uma plantação de videiras?
- A uva, fruto da videira, é apreciada no mundo inteiro. Por que será que isso acontece?

Para começo de conversa

Água e comida são essenciais para a vida. O momento das refeições é esperado e necessário; por essa razão, muitas instituições organizam suas atividades respeitando os horários em que as pessoas costumam se alimentar.

Você assistiu a alguma das animações da série *Kung Fu Panda*? Os filmes são protagonizados por Po, um urso panda que trabalha no restaurante de macarrão de sua família e sonha ser um mestre de *kung fu*. Ao saber que vai herdar o restaurante, Po fica preocupado em conhecer o ingrediente secreto da sopa de macarrão, mas seu pai o tranquiliza dizendo que a receita corre nas veias da família e que, na hora certa, o segredo será revelado.

Cena do filme *Kung Fu Panda 2* (2011), dirigido por Jennifer Yuh.

Atividades

- Pesquise alguma receita especial, típica de sua família. Registre a receita no caderno, anotando o nome do prato, os ingredientes e o modo de preparo. Depois, responda: O que torna essa receita especial?

Curiosidade filosófica

O antropólogo brasileiro Roberto DaMatta (1936-), em seu livro *O que faz o Brasil, Brasil?*, destaca a diferença entre alimento e comida:

> [...] Alimento é tudo aquilo que pode ser ingerido para manter uma pessoa viva, comida é tudo que se come com prazer, de acordo com as regras mais sagradas de comunhão e comensalidade.
>
> [...]
>
> Temos então o alimento e temos comida. Comida não é apenas uma substância alimentar, mas é também um modo, um estilo e um jeito de alimentar-se.
>
> [...]
>
> [...] A comida vale tanto para indicar uma operação universal – o ato de alimentar-se – quanto para definir e marcar identidades pessoais e grupais, estilos regionais e nacionais de ser, fazer, estar e viver.
>
> Roberto DaMatta. *O que faz o Brasil, Brasil?* Rio de Janeiro: Rocco, 1986. p. 56.

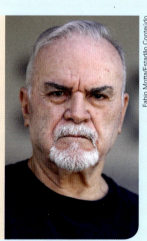

Roberto DaMatta.

- Com base na leitura do texto, elabore no caderno um quadro comparativo estabelecendo a diferença entre alimento e comida.

Unidade 4 51

Por dentro da história

Os alimentos fazem parte do universo simbólico da maioria das tradições religiosas. O tipo de alimento e a maneira como ele é preparado e servido são alguns aspectos que expressam sentidos e características da identidade religiosa dos fiéis.

A culinária afro-brasileira, por exemplo, que pode ser apreciada em diversas comidas tradicionais da Bahia, está atrelada às religiões de matrizes africanas e é uma marca forte da nossa cultura.

O acarajé, uma das comidas típicas da Bahia, é feito de massa de feijão-fradinho, cebola e sal e preparado no azeite de dendê. Ele é servido com camarão seco, vatapá e caruru, um cozido de quiabo. Na foto, baiana vendendo acarajé, em 2015.

Zungus: nosso paladar africano

Há outra influência da culinária africana: a dos preparos. Eram as mulheres negras que no período colonial cozinhavam os mais diversos pratos, dando o seu toque – e a marca é o tempero forte – ao que se comia nas casas e nas ruas. Luís dos Santos Vilhena, professor de grego na Bahia no fim do século XVIII, escreveu: "Das casas mais opulentas desta cidade [...], acassás, acarajés, abarás, arroz de coco, feijão de coco, angus...".

O angu ocupou um lugar especial nessa história. Esse prato era vendido, no início do século XIX, em pontos fixos, como a praia do Peixe, no Rio, por negras que preparavam grandes caldeirões da iguaria. Depois, ele poderia ser misturado com guisados de carne de boi ou camarão. O ponto era local de encontro e diversão de escravizados e libertos, que ali organizavam batucadas e brincadeiras, quando lhes era permitido. Eram os zungus. Assim, a mão negra ia dando forma à cozinha brasileira.

zungu: no Rio de Janeiro colonial, cortiço ou pensão modesta, geralmente mantida por negros, onde se ofereciam pousada, refeições, música e práticas religiosas.

Dirley Fernandes. *O que você sabe sobre a África?*: Uma viagem pela história do continente e dos afro-brasileiros. Rio de Janeiro: Nova Fronteira, 2016. p. 90.

Atividades

1. Leia o texto acima e sublinhe os nomes de comidas afro-brasileiras que você identificar.
2. Agora, pesquise sobre a comida que mais despertou sua curiosidade e complete o quadro a seguir.

NOME DA COMIDA	DESENHO	DESCRIÇÃO

52 Unidade 4

Comida de orixá

Nos cultos afro-brasileiros, a comida tem importante valor simbólico, relacionado às preferências e aos atributos de cada divindade. Os praticantes do candomblé fazem oferendas de comidas (ebós) para os orixás, dos quais recebem forças vitais. O diálogo com os orixás lhes permite encontrar essa energia vital, o axé.

As comidas são preparadas de modo especial, com toda a reverência, para serem oferecidas aos orixás e também aos integrantes da comunidade, fortalecendo, assim, os laços fraternos entre os seguidores do candomblé.

Em entrevista publicada em 1969, na revista *Manchete*, o artista Carybé, que você já conheceu neste volume, disse que o encanto da Bahia está na cozinha, isso porque, nesse estado, muitos consideram que as comidas são sagradas.

Na tradição do candomblé, cada orixá tem suas comidas preferidas. Veja nesta aquarela de Carybé o acarajé de Iansã.

Você mora na Bahia ou já visitou esse estado? Já sentiu o encanto de que fala Carybé?

Carybé. *Festa do acarajé de Iansã*. Aquarela sobre papel, 70 cm × 50 cm.

Atividades

- Busque informações sobre as comidas representadas a seguir e identifique o orixá relacionado a cada uma delas.

FEIJOADA	MILHO ASSADO	PIPOCA COM DENDÊ
Orixá:	Orixá:	Orixá:

Unidade 4

Experiências religiosas

Jovem indígena guarani mbya, da aldeia Kalipety, na cidade de São Paulo, carregando espigas de milho, em 2017.

A espiritualidade dos Guarani está fundamentada no respeito a todos os seres vivos. Os povos dessa etnia acreditam que a natureza tem alma e protege quem respeita o meio ambiente.

Na tradição do povo guarani, o milho tem significado muito especial. Além de ser a base alimentar da comunidade, é um alimento espiritual presente em um dos ritos religiosos mais importantes para esse povo. Anualmente, nas aldeias, é realizado o batismo do milho, chamado de *nhemongaraí*, que acontece no tempo da colheita e durante o qual é anunciado o nome de cada criança da comunidade.

Para os Guarani, o nome de uma pessoa está relacionado à sua proteção. Ao descobrir seu espírito-nome (*nhe'e*), a pessoa fica protegida e ligada ao divino. No ritual do batismo, os pais levam para a casa de reza (*opy*) o *mbopaje*, comida preparada com farinha de milho e água e, depois, assada nas cinzas de uma fogueira.

Nessa tradição, o cultivo do milho tem função religiosa e social. Muitas comunidades buscam preservar as sementes nativas, garantindo a sabedoria do povo e a biodiversidade local.

Fique sabendo

O milho é originário do continente americano e cultivado há mais de 7 mil anos como base da alimentação de povos da Mesoamérica e dos Andes. Os povos andinos consumiam milho de muitas formas: cozido em água, tostado ou moído e envolto na própria palha, como a pamonha brasileira.

Em países como Chile, Bolívia e, principalmente, Peru, são cultivados mais de cinquenta tipos de milho, com grãos amarelos, vermelhos, roxos, pretos, entre outros. Alguns alimentos feitos de milho nesses países são pouco conhecidos pelos brasileiros, como a *chicha morada*, um refresco à base de milho roxo (*maiz morado*) fervido com especiarias e frutas e servido frio ou gelado.

Outro exemplo de prática religiosa guarani é o ritual que ocorre após a colheita da erva-mate. Antes de consumir a planta, algumas comunidades realizam uma celebração, chamada de *ka'ai nhemongarai*.

Casa de reza da aldeia Teko, no Rio Grande do Sul. Nesse local, acontecem o ritual de batismo e as sessões de canto e dança; nele também são penduradas as ervas, que, após o ritual, são recolhidas e maceradas para a produção do chimarrão.

Nesse ritual, os ramos de erva-mate são levados para a casa de reza, onde são abençoados. Para os Guarani, cada ramo representa uma pessoa. Durante o ritual, o pajé fuma um cachimbo e sopra a fumaça sobre aqueles que estão na roda, em sinal de limpeza e proteção espiritual. Os anciãos contam ensinamentos da cultura desse povo, intercalando cantos e danças. Após o ritual, a erva-mate é tomada como chimarrão pela comunidade.

chimarrão: bebida tradicional de culturas indígenas kaingang, guarani, aimará e quíchua. O chimarrão é preparado em uma cuia, na qual acrescentam-se erva-mate moída e água fervente, e sorvido com uma bomba.

A lenda da erva-mate

Vamos conhecer a lenda da erva-mate?

Leia o texto abaixo com os colegas e o professor. Depois, identifique e sublinhe os aspectos simbólicos atribuídos a essa planta.

Um velho guerreiro, já adoecido e sem forças para continuar a acompanhar sua tribo, decidiu viver sozinho em uma tapera na mata. Yari, sua filha mais nova, não quis abandoná-lo. Então, contra a vontade dele, ela decidiu abrir mão de viver junto à sua tribo, casar-se e ter filhos, para cuidar de seu velho pai e não deixá-lo sozinho.

tapera: casa abandonada ou em ruínas, tomada pelo mato.

Um dia apareceu na tapera um pajé, que buscava um lugar para descansar. Na verdade, ele era um enviado do deus Tupã. O ancião pediu ao pajé que concedesse a ele forças e energia para que não atrapalhasse mais a vida da filha. Então, o pajé, com sua sabedoria, deu ao velho guerreiro uma planta de folhas verdes, e lhe ensinou que as folhas deveriam ser secadas ao fogo e trituradas, para que depois fosse feita uma infusão energizante.

Yari, por ter renunciado à sua vida e ter feito a escolha de cuidar do pai, foi recompensada por Tupã com a imortalidade. Foi transformada numa grandiosa árvore de erva-mate (*caá-yari*), que mesmo depois de cortada voltaria a brotar e a dar frutos, a mesma planta que o pajé deu ao seu pai para curá-lo. Assim, Yari se tornou a deusa dos ervais.

Jéssica K. R. Franco. A lenda guarani da erva-mate. *Gazeta Informativa*, 2 fev. 2018. Disponível em: <http://www.gazetainformativa.com.br/a-lenda-guarani-da-erva-mate/#prettyPhoto>. Acesso em: 28 mar. 2019.

Atividades

1. Encontre uma pessoa que tenha o hábito de tomar chimarrão e pergunte a ela o significado desse costume. Registre no caderno os pontos principais de sua resposta.

2. Compartilhe oralmente com os colegas o que você descobriu ao responder à atividade anterior. Depois, elabore coletivamente um cartaz sobre o uso da erva-mate na região onde você vive e também no Brasil e em outros países da América do Sul. Em seguida, afixe o cartaz em um mural na escola.

Conexões

↑ Família muçulmana durante refeição.

Nesta unidade, vimos a riqueza simbólica de alimentos e de comidas nas tradições religiosas. Agora, vamos conhecer algumas regras e proibições ligadas aos alimentos e ao seu preparo.

Muitas religiões proíbem o consumo de certos alimentos, com base nos ensinamentos de textos sagrados e na tradição da comunidade.

Os muçulmanos são proibidos de comer carne suína (porco) e seus derivados, considerados impuros. O consumo de sangue também não é permitido, mesmo que o animal tenha sido abatido conforme o método islâmico.

Leia o trecho de um texto sobre a tradição religiosa islâmica e sublinhe os aspectos mais marcantes relacionados ao consumo de alimentos e de bebidas.

> Na medida em que o alimento pode influenciar a alma, o comportamento, a saúde moral e física do ser humano, como já foi comprovado por estudos científicos recentes, o Islã tornou obrigatório que o mesmo se preocupe em conhecer a origem daquilo que consome, isto é, saber se seu alimento é lícito e puro. Como um dos exemplos, temos o mandamento divino que estabelece que todas as bebidas alcoólicas [...] são ilícitas devido aos danos, corrupção e riscos que trazem aos indivíduos, família e sociedade.
>
> Por conseguinte, o Islã nos ordena que verifiquemos se aquilo que consumimos está em conformidade com a jurisprudência islâmica ou não. Tudo o que está em conformidade é denominado de "Halal", o oposto do que são os "Haram", ou seja, itens de consumo ilícito de acordo com a jurisprudência islâmica.
>
> Gamal Fouad El Oumari. Subsídios pedagógicos para o Ensino Religioso. *Informativo da Associação Inter-religiosa da Educação*, set. 2017. Disponível em: <http://www.ensinoreligioso.seed.pr.gov.br/arquivos/File/boletins_informativos_assintec/informativo_assintec_42.pdf>. Acesso em: 28 mar. 2019.

Na tradição judaica também há restrições alimentares. Os judeus não comem frutos do mar, só peixes que têm escamas e barbatanas. A carne de porco é igualmente proibida, assim como é vetada a mistura de alimentos derivados de leite com alimentos derivados de carne. No abate dos animais cujo consumo é permitido, a prescrição judaica exige que o sangue seja separado da carne. Os judeus classificam os alimentos permitidos como *kosher* (ou *kasher*).

Atividades

1. Busque informações sobre o processo de abate de animais para consumo conforme os preceitos das tradições muçulmana e judaica. Registre no caderno duas características desses processos, uma de cada religião.

2. Compartilhe suas respostas com os colegas e o professor e converse com eles sobre a seguinte questão: Em sua família ou na comunidade religiosa da qual participa, as pessoas seguem alguma restrição alimentar? Em caso positivo, qual?

Religião e vegetarianismo

Na tradição hinduísta, a alimentação é principalmente vegetariana, pautada na orientação de não ferir os seres vivos, pois acredita-se que matar animais para consumo é desnecessário.

Isso explica o respeito que os hindus têm pelas vacas, consideradas por eles sagradas e símbolos da maternidade, isto é, daquilo que permite a vida. Nessa tradição, os alimentos produzidos com leite de vaca são muito valorizados e utilizados em ritos de purificação e em oferendas.

Na tradição religiosa védico-vaishnava, mais conhecida como *hare krishna*, a alimentação é lactovegetariana. Um de seus principais alimentos é o *chapati*, um pão achatado, assado sem fermento, e consumido com molhos e outros alimentos. Para os fiéis, as comidas devem ser preparadas com devoção e respeito. Antes do consumo, elas são oferecidas ao deus Krishna, para que este conceda misericórdia e nutrição física e espiritual.

Outras tradições religiosas, como a doutrina Seicho-no-ie, ou "lar do progredir infinito", ensinam práticas para alcançar a perfeição por meio de uma alimentação natural. Nas cerimônias, são servidos arroz, frutas, água, sal, legumes e doces. Não se come carne vermelha para evitar o sofrimento dos animais e também para promover o cuidado com o meio ambiente. Atualmente, a doutrina Seicho-no-ie recomenda aos fiéis optar pela alimentação orgânica.

A Igreja Messiânica Mundial do Brasil acredita que todos os alimentos vêm de Deus e, por isso, é preciso optar por comidas naturais e sem agrotóxicos.

A Fé Bahá'í, por sua vez, entende que todos os alimentos, quando saudáveis, são sagrados. Uma das epístolas de Bahá'u'lláh afirma que, no futuro, toda alimentação será vegetariana.

lactovegetariano: regime alimentar que exclui todos os tipos de carne e ovo, sendo permitido o consumo de leite e seus derivados.

↑ As vacas são animais sagrados para os hindus.

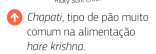

↑ *Chapati*, tipo de pão muito comum na alimentação *hare krishna*.

Atividades

1. Muitas igrejas e comunidades religiosas apoiam a agroecologia como opção de vida, saúde e soberania alimentar. Busque informações sobre esse tema e responda às questões.

    a. O que é agroecologia?

    _____

    _____

    b. Pesquise e dê exemplos da atuação de alguma tradição religiosa nessa causa socioambiental.

    _____

    _____

2. Compartilhe com os colegas e o professor os resultados de sua pesquisa.

Espaço de diálogo

Repartir o pão é uma atitude simbólica para os cristãos.

A maioria das pessoas considera o pão um alimento essencial no dia a dia. As padarias abrem bem cedinho, possibilitando a todos o acesso a esse alimento tão popular, apreciado em muitos lugares do mundo.

Em várias religiões, o pão é um alimento sagrado, que remete a atitudes de partilha, companheirismo e fraternidade.

Entre os judeus, nas sextas-feiras à noite, o pão é abençoado durante uma celebração que marca o início do *shabat*, o dia mais sagrado para essa tradição religiosa.

Católicos, luteranos, presbiterianos e anglicanos, entre outros grupos cristãos, consideram o pão e também o vinho alimentos sagrados, os quais abençoam e partilham nas celebrações comunitárias. A Bíblia remete inúmeras vezes ao pão (o maná no deserto, a multiplicação dos pães, a Santa Ceia, etc.) e registra que as primeiras comunidades de cristãos se reuniam para partilhá-lo.

Atividades

1. Seguindo o roteiro abaixo, entreviste uma pessoa adepta de alguma religião cristã.

Nome do(a) entrevistado(a):
Igreja:
Qual é o significado do pão nas celebrações em sua igreja?
Em sua vida, qual é o significado do pão como alimento sagrado?

2. Converse com os colegas e o professor sobre as respostas obtidas na entrevista. Com base nelas, elaborem um cartaz com frases sobre o significado do pão como alimento sagrado. Cada frase deve estar acompanhada do nome da pessoa entrevistada e do nome da igreja que frequenta.

Pão e vinho: comunhão e partilha

É muito provável que os relatos das pessoas entrevistadas pela turma tenham revelado ideias e sentimentos de comunhão e partilha. Talvez você já tenha ouvido falar da Última Ceia, na qual Jesus apresenta aos apóstolos o pão como seu próprio Corpo e o vinho como seu próprio Sangue e os convida a comer e beber, pedindo que, em sua memória, perpetuem esse ato.

Atividades

1. Leia abaixo um trecho do Evangelho de Lucas (capítulo 24, versículos 13 ao 25). Depois, converse com os colegas e o professor sobre os possíveis significados desse texto.

> Nesse mesmo dia, dois discípulos iam para um povoado, chamado Emaús, distante onze quilômetros de Jerusalém. Conversavam a respeito de tudo o que tinha acontecido. Enquanto conversavam e discutiam, o próprio Jesus se aproximou e começou a caminhar com eles. Os discípulos, porém, estavam como que cegos, e não o reconheceram. Então Jesus perguntou: "O que é que vocês andam conversando pelo caminho?" Eles pararam, com o rosto triste. Um deles, chamado Cléofas, disse: "Tu és o único peregrino em Jerusalém que não sabe o que aí aconteceu nesses últimos dias?" Jesus perguntou: "O que foi?" Os discípulos responderam: "O que aconteceu a Jesus, o Nazareno, que foi um profeta poderoso em ação e palavras, diante de Deus e de todo o povo. Nossos chefes dos sacerdotes e nossos chefes o entregaram para ser condenado à morte, e o crucificaram. Nós esperávamos que fosse ele o libertador de Israel, mas, apesar de tudo isso, já faz três dias que tudo isso aconteceu! É verdade que algumas mulheres do nosso grupo nos deram um susto. Elas foram de madrugada ao túmulo, e não encontraram o corpo de Jesus. Então voltaram, dizendo que tinham visto anjos, e estes afirmaram que Jesus está vivo. Alguns dos nossos foram ao túmulo, e encontraram tudo como as mulheres tinham dito. Mas ninguém viu Jesus."
>
> Então Jesus disse a eles: "Como vocês custam para entender, e como demoram para acreditar em tudo o que os profetas falaram! [...]".

2. Com os colegas, observe a obra *Olhares de Emaús*, do artista italiano Sergio Ricciuto Conte. Em seguida, conversem sobre suas impressões.

Sergio Ricciuto Conte. *Olhares de Emaús*, 2014. Óleo sobre tela, 70 cm × 50 cm.

3. Com base nas discussões da turma, faça uma releitura do texto que descreve o encontro dos discípulos de Emaús com Jesus, levando em conta a realidade social do bairro onde você mora. Essa releitura pode ser expressa por meio de uma narrativa, um desenho, uma pintura ou outra forma que mais lhe agradar.

4. Organize com os colegas e o professor uma exposição na escola para apresentar as produções da turma. Escolham juntos um título para a exposição e convide a comunidade escolar para apreciar os trabalhos.

Atitudes de paz

A atitude e o gesto de agradecer pelos alimentos são práticas que as tradições religiosas têm cultivado ao longo do tempo.

Receber, preparar e servir os alimentos é um ritual cultural que marca a vida das famílias e das comunidades. O costume de sentar-se ao redor da mesa é um sinal de partilha e fraternidade e tem profundo significado para as pessoas que dividem sentimentos de hospitalidade, acolhida e amor.

Família cristã agradecendo pelo alimento.

1. Converse com os colegas sobre as seguintes questões:

    a. Qual é a sua opinião sobre a atitude de agradecer pelos alimentos antes das refeições?

    b. Você costuma agradecer pelos alimentos antes de comer? Em caso positivo, como agradece?

    c. Você acha que todos deveriam agradecer pelos alimentos antes de consumi-los? Por quê?

    d. De quais pessoas deveríamos nos lembrar nesse agradecimento?

2. Em casa, pergunte a seus pais ou responsáveis sobre a prática de agradecer pelos alimentos. Em seguida, responda:

    a. Essa prática faz parte da tradição familiar? Que palavras os familiares costumam dizer?

    _____
    _____
    _____

    b. Caso sua família não tenha esse costume, qual é a sua opinião sobre as pessoas e as famílias que praticam a tradição de agradecer pelos alimentos?

    _____
    _____
    _____

3. Compartilhe oralmente com os colegas suas respostas às questões anteriores.

Unidade 4

Compartilhar é um dever de todos

Como vimos, o ato de compartilhar o pão é repleto de significados para os cristãos, pois remete a atitudes de amor e solidariedade ao próximo.

Leia a seguir um trecho de uma mensagem do papa Francisco sobre esse assunto.

> Como soam apropriadas a este caso as palavras do profeta relativas ao estilo de vida do crente: "libertar os que foram presos injustamente, livrá-los do jugo que levam às costas, pôr em liberdade os oprimidos, quebrar toda a espécie de opressão, repartir o teu pão com os esfomeados, dar abrigo aos infelizes sem casa, atender e vestir os nus" (Is 58, 6-7).
>
> Mensagem do papa Francisco para o II Dia Mundial dos Pobres. Disponível em: <http://w2.vatican.va/content/francesco/pt/messages/poveri/documents/papa-francesco_20180613_messaggio-ii-giornatamondiale-poveri-2018.html>. Acesso em: 28 mar. 2019.

Partilha do pão.

1. Discuta com os colegas e o professor o significado da mensagem do papa Francisco.
2. Registre abaixo as ideias que mais chamaram sua atenção na discussão com a turma.

_____
_____
_____
_____
_____
_____
_____
_____

3. Para aprofundar o assunto, organize com os colegas um seminário com o título: "Pão, fome e justiça". O objetivo é discutir a realidade do município onde vocês moram no que se refere à justiça social. Para isso, leia as orientações.

   a. Forme um grupo de quatro a cinco integrantes. Juntos, levantem os possíveis temas, sempre considerando a realidade do município onde vocês moram. Veja alguns exemplos:

   - Pessoas em situação de rua.
   - Pessoas na extrema pobreza.
   - Ações de apoio às famílias carentes.
   - Merenda escolar.
   - Projetos sociais de igrejas ou ONGs.
   - Desperdício de comida.

   b. Escolhido o tema, pesquise a respeito dele e elabore uma apresentação. Depois, defina com os colegas o tempo de fala de cada um, de modo que o seminário possa ser realizado em um único dia, integrando todas as apresentações.

Mais atividades

Nesta unidade, aprendemos sobre a importância da erva-mate para o povo guarani. Você sabia que no Sul do Brasil e em países como Argentina, Paraguai e Uruguai existe uma devoção popular à Nossa Senhora do Chimarrão?

Observe a imagem ao lado.

Estátua de Nossa Senhora do Chimarrão, exposta na Sala Mariana, na Inspetoria Nossa Senhora Aparecida, em Porto Alegre (RS). Fotografia de 2019.

1. Com mais dois colegas, pesquise sobre a devoção à Nossa Senhora do Chimarrão. Anote no caderno as curiosidades que descobrirem.

2. Gostou da pesquisa? Sabia que, no Brasil, além dos muitos devotos de Nossa Senhora Aparecida, há também quem seja devoto de Nossa Senhora da Amazônia, Nossa Senhora do Pantanal, Nossa Senhora do Cerrado, Nossa Senhora Rainha do Sertão, Nossa Senhora dos Seringueiros, entre outras? No lugar onde você mora, existe alguma devoção especial à Nossa Senhora? Converse com os colegas e o professor.

3. Complete a cruzadinha da página ao lado.

    1. Tradição religiosa cujos seguidores fazem oferendas de alimentos para receber energia vital, ou axé.
    2. Na cultura indígena, é conhecida como a "deusa dos ervais".
    3. Bebida sagrada na tradição judaica e nas igrejas cristãs.
    4. Tipo de alimentação praticada pelos hinduístas.
    5. Significado simbólico da vaca para os fiéis do hinduísmo.
    6. Tradição religiosa que proíbe a seus seguidores o consumo de bebidas alcoólicas.
    7. *Kosher* para os judeus e *halal* para os muçulmanos são alimentos ★★★★★★★★★★.
    8. Uma das comidas oferecidas ao orixá Ogum.
    9. Prato típico da culinária afro-brasileira tradicionalmente oferecido a Iansã.
    10. Nome pelo qual se conhece o lugar sagrado do povo guarani.
    11. Tradição religiosa lactovegetariana que tem como um de seus principais alimentos o *chapati*.
    12. Um dos alimentos que os judeus não comem.
    13. Filosofia que promove a produção de alimentos sem agrotóxicos, valorizando a biodiversidade da natureza e a defesa da vida e da soberania alimentar.
    14. Um dos alimentos sagrados para a tradição indígena guarani.
    15. Tradição religiosa em que não se come frutos do mar.
    16. Seguidores de uma tradição religiosa cristã que considera o pão um alimento sagrado.
    17. Tradição religiosa que orienta seus seguidores a optar por uma alimentação natural.
    18. Ritual conhecido como "batismo do milho", no qual são anunciados os nomes das crianças guaranis.
    19. Celebrou a Última Ceia com seus discípulos.
    20. Religião para a qual todos os alimentos, quando saudáveis, são sagrados.

62 Unidade 4

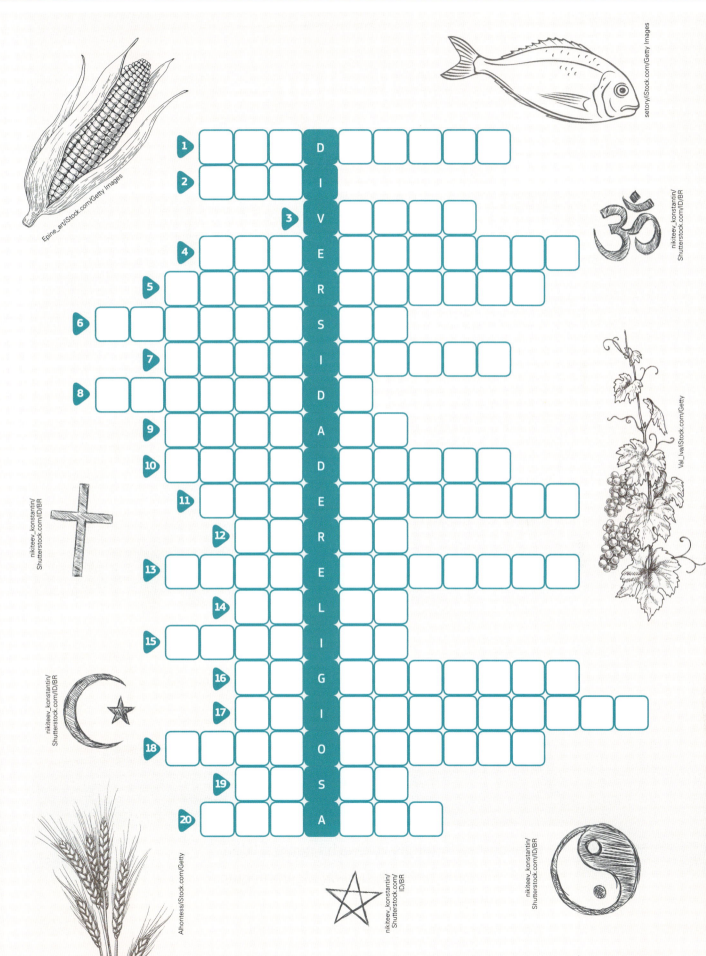

Unidade 5

Líderes religiosos

- Qual dessas formigas você acha que é a líder?
- Você já liderou algum grupo ou alguma equipe? Como foi essa experiência?
- Já foi liderado por alguém? Como se sentiu?

Para começo de conversa

A liderança é um aspecto muito importante na vida e no desempenho de um grupo, de uma comunidade e de um país. Um bom líder influencia positivamente as pessoas e as encoraja a alcançar resultados cada vez melhores, desenvolvendo seus conhecimentos, capacidades, atitudes e valores.

Atividades

1. Leia a charge e responda à questão: Como você solucionaria o problema de liderança do grupo?

↑ Charge de Willtirando, 2011.

2. Compartilhe com os colegas e o professor suas reflexões sobre a questão. Depois, aponte três características que a turma considera necessárias para ser um bom líder. Registre-as abaixo, por ordem de importância.

- _____
- _____
- _____

Curiosidade filosófica

Tenzin Gyatso é o 14º Dalai-lama, atual líder religioso do budismo tibetano. Ganhador do Prêmio Nobel da Paz em 1989, ele é considerado referência espiritual pelos budistas e também por muitos não budistas. Sua filosofia e suas orientações se destacam pelo compromisso de promover a paz e a não violência.

O Dalai-lama é coautor do livro *Liderança para um mundo melhor* (Rio de Janeiro: Sextante, 2009), escrito com o consultor administrativo Laurens van den Muyzenberg. A obra apresenta princípios para uma boa liderança, centrados em ensinamentos éticos. Nesse livro, o Dalai-lama afirma:

"A natureza da nossa motivação determina o caráter do nosso trabalho".

- Converse com os colegas e o professor sobre a pergunta: Ser um bom líder é concentrar-se nas coisas boas?. Depois, explique com suas palavras a frase do Dalai-lama, aplicando-a a uma situação que você já vivenciou.

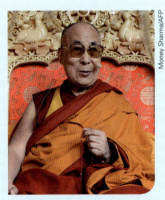

↑ Tenzin Gyatso (1935-), o 14º Dalai-lama.

Por dentro da história

Um líder religioso tem a função de preservar e repassar os ensinamentos religiosos aos fiéis. Seu papel de orientar os seguidores da tradição religiosa e a comunidade exige conhecimento da doutrina, uma vida de fé e de oração e atitudes carismáticas, que animem os fiéis com mensagens de esperança.

Conheça, a seguir, dois tipos de líder de diferentes tradições religiosas.

Mãe de santo

No Brasil, mãe de santo ou ialorixá é o nome dado à sacerdotisa-chefe da maioria das comunidades de candomblé e de umbanda. Da mesma forma, há o pai de santo, babalorixá ou babalaô. Ambos têm a responsabilidade de transmitir os ensinamentos da tradição religiosa.

Nas tradições afro-brasileiras, a mãe de santo e o pai de santo conduzem os rituais, fazem a intermediação com os orixás, interpretam a vontade dos santos e a comunicam a seus filhos. A ialorixá e o babalorixá são administradores do terreiro e atuam como canais para que os orixás se manifestem, cumprindo um papel importante nos ritos de iniciação.

Um exemplo desse tipo de liderança é a Mãe Menininha do Gantois, nome com que Maria Escolástica da Conceição Nazaré se tornou conhecida. Ela nasceu e viveu em Salvador, Bahia, de 1894 a 1986. Iniciada no candomblé aos 8 anos de idade, assumiu a chefia do terreiro do Gantois em 1922. Admirada por sua sabedoria e gentileza, Mãe Menininha teve papel fundamental na difusão e na popularização do candomblé na Bahia. Foi amiga e conselheira espiritual de personalidades como o escritor Jorge Amado, o poeta Vinicius de Moraes, o compositor Dorival Caymmi e o artista Carybé, além de ter sido muito procurada por estudiosos interessados em informações sobre as tradições religiosas afro-brasileiras.

↑ Mãe Menininha do Gantois, líder religiosa do candomblé, em foto de 1980.

Sadhu

O *sadhu* é o líder espiritual do hinduísmo. É considerado um homem sábio, que segue os ensinamentos de divindades como Shiva, Vishnu e Durga. Além disso, é um místico, um monge andarilho que pratica o desapego material e as virtudes prescritas em sua tradição religiosa.

Os *sadhus* levam na testa uma marca (*tilaka*) que os identifica como pessoas que buscam a verdade suprema. Na tradição hinduísta, acredita-se que a transmissão espiritual da energia ocorre por meio do solo, por isso muitos seguidores tocam ou lavam os pés dos *sadhus*.

← *Sadhu* em Rishikesh, Índia, 2017.

A sabedoria dos líderes

Na página ao lado, você conheceu dois tipos de líderes religiosos. Agora, que tal buscar informações sobre líderes de outras tradições religiosas?

Atividades

1. Faça uma pesquisa sobre as características de líderes de outras religiões e anote os resultados a seguir.

Rabino

↑ Dov Yaffe, Israel, 2017.

_____

Bispo católico

↑ Michael Gerber, Alemanha, 2019.

_____

Pastor luterano

↑ Inácio Lemke, Brasil, 2017.

_____

Pastora anglicana

↑ Libby Lane, Inglaterra, 2015.

_____

2. Com base nas pesquisas, identifique três características comuns aos líderes das diferentes tradições religiosas.

_____
_____
_____
_____

Experiências religiosas

fariseu: membro de grupo religioso judaico surgido no século II a.C., que vivia na estrita observância das Escrituras da tradição oral que fundamentavam sua religião.

sinagoga: local onde os judeus se reúnem para as preces.

Jesus nasceu e viveu no contexto da cultura e da religião judaicas. Ele sempre teve respeito pelas pessoas e pela sociedade de seu tempo, mas criticou atitudes de alguns grupos, como o dos fariseus.

No tempo de Jesus, o doutor da lei era o rabi, palavra em hebraico que significa "professor", "mestre". Os doutores se caracterizavam por observar rigorosamente as leis, ensinar um grupo seleto de discípulos e explicar as Escrituras na sinagoga.

Jesus também teve muitos seguidores e comentou as Escrituras na sinagoga. Entretanto, foi bem diferente dos doutores da lei em vários aspectos, pois:

- ensinava ao ar livre, para todos que desejassem ouvir;
- dirigia-se às pessoas simples e marginalizadas;
- incluía mulheres entre seus seguidores;
- acolhia e se relacionava com pecadores;
- ia ao encontro das pessoas, visitando suas casas, partilhando o pão e convivendo com elas;
- recebia todos com compaixão e ternura e atuava em prol da saúde;
- apresentava a Casa do Pai como um lugar de partilha, misericórdia e celebração.

A mensagem dos Evangelhos

Os judeus esperavam por um enviado de Deus, o Messias, que anunciaria a sua mensagem, denunciaria as injustiças e daria esperança ao povo. Jesus mostrou que as profecias se cumpriam nele.

Os Evangelhos contam que Jesus ensinava com autoridade e proclamava Deus um pai que ama profundamente seus filhos, os acolhe e os perdoa quando se arrependem.

Na época, os seguidores de Jesus ficaram maravilhados, pois ele praticava aquilo que ensinava. Muitos acreditaram que ele era o Messias esperado; mas perceberam que Jesus não era um líder político em busca de poder, mas sim alguém que estava ali para servir, com humildade e sem violência.

Quem foi Jesus de Nazaré?

Você conheceu alguns aspectos da vida e das atitudes de Jesus. Vamos pesquisar mais esse assunto?

Atividades

1. Escolha uma atitude característica do comportamento de Jesus e busque uma passagem da Bíblia que a confirme. Registre abaixo as informações.

   Atitude de Jesus:

   Texto bíblico:

   Síntese do relato bíblico:

2. Agora, responda às questões:

   a. O que mais chama sua atenção nesse comportamento de Jesus?

   b. Você considera possível seguir o exemplo de Jesus nos dias atuais? Justifique.

Fique sabendo

No dia 29 de março de 2018, o papa Francisco presidiu a missa vespertina de Quinta-feira Santa em um presídio da cidade de Roma, Itália. Nessa ocasião, o papa praticou o ritual do lava-pés, recordando o que Jesus ensinou a seus discípulos sobre o serviço ao próximo.

Então Jesus se levantou da mesa, tirou o manto, pegou uma toalha e amarrou-a na cintura. Colocou água na bacia e começou a lavar os pés dos discípulos, enxugando com a toalha que tinha na cintura.

João 13: 4-5.

Papa Francisco beijando os pés dos internos do presídio Regina Coeli, em Roma, 2018.

Unidade 5 69

Conexões

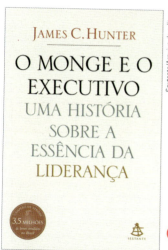

No livro *O monge e o executivo*, o escritor James Hunter apresenta os princípios da boa liderança por meio da história de John Daily, um empresário de aparente sucesso, mas que está vivendo uma grande crise pessoal. A personagem sente que está falhando em todas as áreas de sua vida: como empresário, como marido e como pai.

Mas tudo muda quando John participa de um retiro sobre liderança em um mosteiro beneditino. Para sua surpresa, o irmão Simeão, que conduz o retiro, é um ex-executivo bastante reconhecido no mercado financeiro. Simeão leva John a perceber que a base da verdadeira liderança não é o poder, mas sim o conhecimento, fundamentado nas relações com os outros, no amor, na humildade, na tolerância e na capacidade de servir.

← Capa do livro *O monge e o executivo*, de James Hunter.

Atividades

- Leia um trecho do livro e sublinhe aquilo que você considerar mais importante.

— Bom dia. Sou o irmão Simeão. Nos próximos sete dias terei o privilégio de compartilhar alguns princípios de liderança que mudaram minha vida. [...] Então, aprenderemos uns com os outros nesta semana porque [...] creio firmemente que juntos somos muito mais sábios do que cada um sozinho, e juntos faremos progressos nesta semana. Estão prontos?

[...]

Simeão pediu que cada um [...] se apresentasse brevemente e dissesse as razões que o levaram a participar do retiro.

Meu companheiro de quarto – Lee, o pregador – se apresentou primeiro, seguido por Greg, um jovem sargento do Exército bastante vaidoso. Teresa, de origem hispânica, diretora de uma escola pública, falou a seguir, e depois Chris, uma mulher negra, alta e atraente, treinadora do time de basquete da Universidade Estadual de Michigan. Uma mulher chamada Kim apresentou-se antes de mim, mas eu não ouvi o que ela disse. Estava muito ocupado pensando no que diria a meu respeito quando fosse minha vez de falar.

Quando ela terminou, Simeão olhou para mim e disse: – John, antes de começar, eu gostaria de pedir-lhe que resumisse para nós o que Kim falou a respeito de seus motivos para estar participando do retiro.

O pedido me chocou, [...] Realmente, eu não tinha ouvido uma única palavra do que Kim dissera na apresentação.

— Estou constrangido por ter de admitir que não ouvi muito do que ela disse – gaguejei baixando a cabeça. – Peço desculpas a você, Kim.

— Obrigado por sua honestidade, John – Simeão respondeu. – Ouvir é uma das habilidades mais importantes que um líder pode escolher para desenvolver. Falaremos mais sobre isso esta semana.

[...]

— Tenho boas e más notícias para vocês hoje – continuou Simeão. – A boa notícia é que eu lhes estarei dando as chaves da liderança nos próximos sete dias. Como cada um de vocês exerce o papel de líder, acredito que esta seja uma boa notícia. Lembrem-se de que sempre que duas ou mais pessoas se reúnem com um propósito, há uma oportunidade de exercer a liderança. A má notícia é que cada um de vocês deve tomar decisões pessoais sobre a aplicação destes princípios a suas vidas. Exercer influência sobre os outros, que é a verdadeira liderança, está disponível para todos, mas requer uma enorme doação pessoal. É pena que a maioria dos cargos de liderança assuste as pessoas por causa do grande esforço necessário.

Meu companheiro de quarto, o pregador, levantou a mão para falar e Simeão fez que sim com a cabeça. – Eu notei que você usa muito as palavras líder e liderança e parece evitar gerente e gerência. É de propósito?

– Boa observação, Lee. Gerência não é algo que você faça para os outros. Você gerencia seu inventário, seu talão de cheques, seus recursos. Você pode até gerenciar a si mesmo. Mas você não gerencia seres humanos. Você gerencia coisas e lidera pessoas.

O irmão Simeão levantou-se, caminhou em direção ao quadro, escreveu *liderança* e nos pediu que o ajudássemos a definir a palavra. Após vinte minutos chegamos consensualmente a esta definição:

> Liderança: é a habilidade de influenciar pessoas para trabalharem entusiasticamente visando atingir os objetivos identificados como sendo para o bem comum.

Simeão voltou para sua cadeira e observou: – Uma das palavras-chave é que definimos liderança como uma habilidade, e eu concordei com isso. Uma habilidade é simplesmente uma capacidade adquirida. Afirmo que liderança – influenciar os outros – é uma habilidade que pode ser aprendida e desenvolvida por alguém que tenha o desejo e pratique as ações adequadas. A segunda palavra-chave de nossa definição é influência. Se liderar é influenciar os outros, como desenvolver essa influência? Como levar as pessoas a fazer o que desejamos? Como receber suas ideias, confiança, criatividade e excelência, que são, por definição, dons voluntários?

– Em outras palavras – interrompi –, é saber como o líder consegue envolver as pessoas do "pescoço para cima" em vez da antiga ideia de "nós só queremos você do pescoço para baixo". É isso o que você quer dizer, Simeão?

James C. Hunter. O monge e o executivo: uma história sobre a essência da liderança. Tradução
de Maria da Conceição Fornos de Magalhães. São Paulo: Sextante, 1989. p. 22-25.

a. Com base na leitura do texto e nos trechos que você sublinhou, destaque três características essenciais para o exercício da liderança e anote-as no caderno.

b. Troque ideias com um colega sobre as características destacadas e sobre o significado da pergunta final que John fez a Simeão. Anote a conclusão da dupla no caderno.

c. Entreviste uma pessoa que exerça papel de liderança em uma igreja ou comunidade religiosa. Para fazer a entrevista, pergunte o nome da pessoa, a religião que pratica, o tipo de liderança que exerce e, em seguida, lance as questões, anotando as informações no caderno.

- Pergunta 1: Você poderia citar os três aspectos que considera mais importantes no exercício da liderança?

- Pergunta 2: Você acredita que sua liderança influencia as pessoas a participar das atividades da igreja ou da comunidade religiosa? Poderia dar um exemplo?

d. Compartilhe com os colegas e o professor os resultados da pesquisa e analise as respostas considerando o trecho de *O monge e o executivo*, que leu anteriormente.

Espaço de diálogo

Tradições religiosas afro-brasileiras, como o candomblé e a umbanda, reconhecem a importância do papel das mulheres, principalmente nos terreiros. Em muitos casos, as mulheres assumem a liderança das comunidades e oferecem um testemunho de identidade que desperta a atenção e a admiração dos participantes. Elas dão continuidade à tradição oral, repassando suas vivências e contando as histórias, o que contribui para manter vivo o legado cultural e religioso.

Líderes religiosas têm se destacado também nos espaços de militância política, protagonizando lugar de fala na luta contra o preconceito, a intolerância religiosa, o machismo e o racismo. Muitas delas são referência para outras mulheres, que se sentem atraídas às religiões de matriz africana como fonte de acolhimento físico e espiritual.

Atividades

1. Leia a seguir alguns depoimentos de mulheres que exercem liderança em religiões de matriz africana e sublinhe os aspectos que considera marcantes. Depois, converse com os colegas e o professor sobre as ideias que você destacou.

> O que nós pregamos, sempre, é o respeito mútuo. O importante é que não existam agressões. [...] Existem pessoas que frequentam o terreiro e que vão à igreja, e isso é normal. Quando falei da questão do sincretismo, me referia ao fato de não se misturar as obrigações. Como, por exemplo, fazer sua obrigação para o orixá e ir à igreja porque sincretizou o orixá com um santo. [...] A nossa maior preocupação é que o ser humano se sinta bem, se realize. Se isso acontece frequentando as duas crenças, melhor para ele.

Semira Adler Vainsencher. *Mãe Stella de Oxóssi*. Disponível em: <http://basilio.fundaj.gov.br/pesquisaescolar/index.php?option=com_content&id=744>. Acesso em: 30 maio 2019.

Mãe Stella de Oxóssi (1925-2018) iniciou sua função religiosa em 1976.

> Entendo que não somos somente um espaço de religião, somos um espaço civilizatório mesmo, onde aprendemos a ser gente. Porque no mundo aí fora, tudo o que a gente faz eles dizem que não é coisa de gente. Tudo que a gente faz é meio humano, meio animalesco. E o meu papel como ativista foi dizer que não, que percussão, canto, teatro, música, tem tudo a ver conosco, é essa nossa tradição.

Aline Silveira e outras. A mulher nas religiões de matriz africana. *JorDi*, 162, 2016. Disponível em: <https://www.ufrgs.br/jordi/162-raizes/militancia-e-religiao/>. Acesso em: 1º abr. 2019.

Nina Fola, praticante de umbanda e presidente da Organização da Sociedade Civil de Interesse Público (OSCIP) Africanamente, em Porto Alegre (RS).

72 Unidade 5

Eu saio de turbante na rua, quando eu saio com as minhas contas, já é o suficiente para estar alvo de alguma situação de violência. Pra além de ser mulher, pra além de ser negra, o fato de ser ialorixá também me coloca com mais força no mundo, com certeza, mas também me coloca em situações de vulnerabilidade social mais aprofundadas. [...] O terreiro para a negritude tem essa importância de identidade, de um reforço identitário muito forte.

Aline Silveira e outras. A mulher nas religiões de matriz africana. *JorDi*, 162, 2016. Disponível em: <https://www.ufrgs.br/jordi/162-raizes/militancia-e-religiao/>. Acesso em: 1º abr. 2019.

Ialorixá Winnie Bueno, praticante de batuque no terreiro Ilê Ialorixá Iemanjá, em Pelotas (RS).

Num estado extremamente racista, extremamente intolerante, extremamente machista, quando a gente escolhe estar nesse lugar, a gente sabe que é para lutar para preservar essa tradição e preservar os princípios civilizatórios de um lugar que nós não conhecíamos geograficamente, mas que ontologicamente está dentro de nós. A África está dentro de nós.

Aline Silveira e outras. A mulher nas religiões de matriz africana, *JorDi*, 162, 2016. Disponível em: <https://www.ufrgs.br/jordi/162-raizes/militancia-e-religiao/>. Acesso em: 1º abr. 2019.

Sandrali Bueno, praticante de batuque no terreiro Ilê Ialorixá Iemanjá, em Pelotas (RS).

2. Forme um grupo com mais três colegas para pesquisar a respeito da liderança feminina em outras religiões. Cada grupo deve pesquisar a participação das mulheres em uma religião específica e anotar as informações a seguir. Depois, os grupos devem apresentar os resultados obtidos aos colegas da turma.

_____
_____
_____
_____
_____
_____
_____
_____
_____
_____
_____

Atitudes de paz

No decorrer desta unidade, conhecemos vários líderes religiosos. Para aprofundar a discussão do tema, vamos nos voltar ao testemunho de algumas lideranças e de pessoas que, embora não atuem como líderes, se destacam pelo protagonismo social em prol do bem comum e do meio ambiente.

- Observe a seguir fotos de pessoas que se destacam por sua liderança. Quais delas você conhece? O que você sabe sobre elas? Converse com os colegas e o professor.

↑ Dalai-lama. ↑ Papa Francisco. ↑ Irmã Dulce. ↑ Monja Coen. ↑ Mahatma Gandhi.

↑ Martin Luther King Jr. ↑ Malala Yousafzai. ↑ Leonardo Boff. ↑ Wangari Maathai. ↑ Paulo Freire.

↑ José Mujica. ↑ Madre Teresa de Calcutá. ↑ Nelson Mandela. ↑ Rigoberta Menchú. ↑ Zilda Arns.

↑ Chico Mendes. ↑ Aung San Suu Kyi. ↑ Kailash Satyarthi. ↑ Maria da Penha.

74 Unidade 5

Círculo de Pessoas do Bem

- Que tal escolher uma das personalidades da página ao lado para aprofundar a pesquisa? Forme um grupo com dois ou três colegas. Cada grupo deve escolher uma personalidade e seguir as orientações abaixo.

Primeiro passo

Pesquise a história de vida da pessoa escolhida e a causa humanitária pela qual ela se destaca ou se destacou.

Utilize textos, filmes, áudios, etc. O importante é conhecer em profundidade as características dessa personalidade.

Segundo passo

Crie um roteiro para apresentar a causa humanitária defendida pela liderança escolhida e escreva-o abaixo. O roteiro deve ser escrito em primeira pessoa, como se a própria liderança relatasse os fatos. Não é necessário contar toda a vida da pessoa – destaque alguns aspectos principais, garantindo uma apresentação de pelo menos cinco minutos.

_____

_____

_____

_____

_____

_____

_____

_____

_____

_____

_____

Terceiro passo

Distribua as tarefas entre os colegas de grupo. Defina como serão o figurino, a música e os objetos de cena necessários para a apresentação.

Quarto passo

Com o professor, organize as apresentações. O evento pode ser chamado de Círculo de Pessoas do Bem, e a ideia é apresentar, com muita criatividade e originalidade, a história e a atuação das personalidades pesquisadas. O formato de círculo ou roda permite que todos participem das apresentações, interagindo e aprendendo com os colegas.

Mais atividades

Nesta unidade, vimos o papel de alguns líderes religiosos em diferentes tradições e conhecemos também pessoas que se destacam como protagonistas de movimentos pela paz, pela justiça e pelo cuidado com a natureza.

1. Com base nas dicas a seguir, complete a cruzadinha com os nomes de líderes que você conheceu.

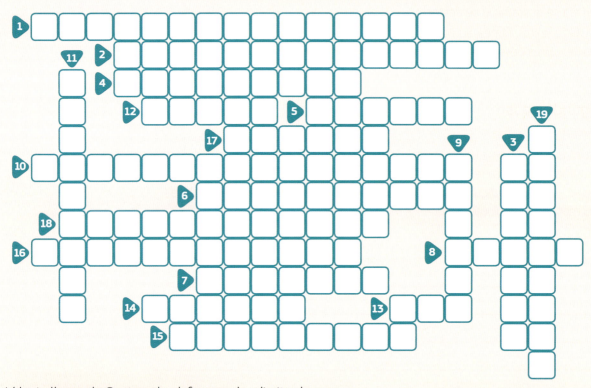

1. Líder indígena da Guatemala, defensora dos direitos humanos.
2. Professora conhecida como a Mãe das Árvores e que lutou pelo desenvolvimento sustentável, pela democracia e pela paz.
3. Primeiro nome do ativista indiano que luta contra o trabalho infantil.
4. Mulher que abandonou a profissão de jornalista para dedicar-se à prática do budismo, destacando-se em promover uma mensagem de sabedoria e compaixão.
5. Nome da madre de Calcutá que esteve a serviço dos pobres na Índia.
6. Presidente uruguaio conhecido como o presidente mais pobre do mundo; destacou-se por sua política democrática e defensora dos direitos humanos.
7. Sobrenome do primeiro presidente negro da República da África do Sul, o qual se destacou na luta contra o *apartheid* e a discriminação racial.
8. Irmã religiosa franciscana que dedicou a vida a ajudar os doentes e os mais necessitados.
9. Sobrenome do ativista indiano que, entre suas mensagens, disse: "Não existe um caminho para a paz. A paz é o caminho".
10. Pastor protestante estadunidense que defendeu os direitos civis dos negros, proclamando a não violência. Seu discurso "Eu tenho um sonho..." marcou o mundo.
11. Líder espiritual do budismo tibetano reconhecido por seus escritos sobre a felicidade e a paz na vida cotidiana.
12. Apelido do seringueiro e ativista político brasileiro que defendeu a floresta e os povos da Amazônia.
13. Sobrenome da ativista que lutou pela democracia na Birmânia, destacando-se por sua resistência pacífica diante do poder opositor.

Unidade 5

14. Sobrenome do educador brasileiro que lutou por uma educação democrática e participativa.
15. Médica pediatra que fundou a Pastoral da Criança.
16. Brasileira cujo nome inspirou a criação de uma lei que condena a violência doméstica contra a mulher.
17. Nome da ativista que disse: "Um livro, uma caneta, uma criança e um professor podem mudar o mundo".
18. Teólogo brasileiro que tem sensibilizado pessoas no mundo inteiro com seus escritos sobre espiritualidade e ecologia.
19. Papa da Igreja católica.

2. Você já ouviu falar no Museu da Pessoa? Leia o texto abaixo para conhecer essa instituição.

> O Museu da Pessoa é um museu virtual e colaborativo. Está aberto a toda e qualquer pessoa que queira registrar e compartilhar sua história de vida. [O] acervo reúne quase vinte mil delas, sem contar as fotografias, documentos e vídeos. [...]
>
> O Museu da Pessoa acredita que valorizar a diversidade cultural e a história de cada pessoa como patrimônio da humanidade é contribuir para a construção de uma cultura de paz. [É] um museu aberto e colaborativo que transforma histórias de vida em fonte de conhecimento, compreensão e conexão entre pessoas e povos.
>
> [...]
>
> No Museu da Pessoa, além de **visitante**, toda pessoa pode tornar-se **parte do acervo** ao registrar a história da sua vida, assim como também ser um **curador**, na medida em que pode criar suas próprias **coleções de histórias**, imagens e vídeos.

Museu da Pessoa. Disponível em: <http://www.museudapessoa.net/pt/museu-da-pessoa>.
Adaptado para fins didáticos. Acesso em: 1º abr. 2019.

↑ Painel nas instalações do Museu da Pessoa na cidade de São Paulo.

3. Acesse o *site* do Museu da Pessoa (disponível em: <http://www.museudapessoa.net/pt/home>; acesso em: 24 abr. 2019) e conheça histórias de pessoas como você. Uma história pode mudar o seu jeito de ver o mundo!

Unidade 6
O diálogo entre as religiões

- Você gosta de conversar com alguém em especial? Por quê?
- Já discutiu com alguém e não conseguiu terminar uma conversa? Em caso positivo, por qual motivo vocês discutiram?
- Em sua opinião, o que é necessário para estabelecer um diálogo?

Para começo de conversa

É provável que você já tenha ouvido a expressão "dialogar é uma arte". Quando refletimos sobre as atitudes e os aspectos envolvidos em uma conversa, notamos que, para estabelecer diálogo, há algumas habilidades que são imprescindíveis, como saber ouvir, escutar com atenção, compreender o que o outro diz e expressar-se com clareza.

Atividades

- Observe a foto da escultura de Franz Weissmann (1911-2005) intitulada *Diálogo* e converse com os colegas e o professor: O que você acha que essa obra expressa? Por que o artista teria escolhido esse título?

↑ Franz Weissmann. *Diálogo*, 1979. Chapa de aço, 4,43 m × 5,15 m × 1,50 m. Escultura localizada na praça da Sé, no centro da cidade de São Paulo. Foto de 2017.

Fique sabendo

O escultor Franz Weissmann nasceu na Áustria e se mudou para o Brasil aos 11 anos de idade. Ele criou várias obras grandiosas, expostas ao ar livre em locais públicos da cidade de São Paulo, como o Museu de Arte Moderna, a praça da Sé, o Memorial da América Latina e o parque da Luz. O ponto em comum entre essas obras é o caráter geométrico.

Curiosidade filosófica

Emmanuel Lévinas (1906-1995), filósofo francês de origem lituana, é autor de uma reflexão ética sobre a relação entre os sujeitos. O conceito de alteridade é a base do comportamento ético e promove a cultura de paz. Para Lévinas, o reconhecimento do outro está relacionado diretamente ao nosso próprio eu. No livro *Humanismo do outro homem*, ele afirma:

> O encontro com Outrem é imediatamente minha responsabilidade por ele.
>
> Emmanuel Lévinas. *Humanismo do outro homem*. Petrópolis: Vozes, 1993. p. 143.

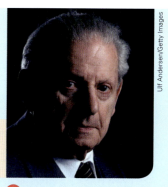

↑ Emmanuel Lévinas. Foto de 1993.

- Converse com os colegas e o professor sobre o conceito de alteridade. Depois, explique com suas palavras a frase acima. Registre no caderno suas conclusões.

Unidade 6   79

Por dentro da história

O cristianismo originou-se na Antiguidade como religião minoritária no Império Romano e, com o passar do tempo, tornou-se a religião oficial. Na Idade Média, grande parte das pessoas que viviam na Europa era cristã. O cristianismo continuou em processo de expansão na Idade Moderna, chegando a outros continentes.

Nesse processo, o cristianismo passou por duas grandes divisões: o Cisma entre a Igreja Católica Apostólica Romana e a Igreja Ortodoxa, em 1054, e a Reforma Protestante, em 1517. Apesar disso, católicos, ortodoxos e protestantes fazem parte da grande família dos cristãos, e a separação entre esses grupos é contrária aos ensinamentos de Jesus; por isso, muitas igrejas cristãs promovem ações a favor da unidade entre seus seguidores.

O Concílio Vaticano II reforçou o compromisso da Igreja católica com o trabalho ecumênico, afirmando que todos os cristãos são irmãos e acreditam em Jesus. Portanto, é mais importante ressaltar as crenças comuns do que enfatizar os motivos de afastamento.

Atividades

1. Observe a imagem e, em seguida, responda às questões.

a. Quem é a personagem à direita?

_____

b. E quem as pessoas que estão discutindo representam?

_____
_____

2. Com base na discussão apresentada na imagem, responda: Em sua opinião, quais são as principais causas que limitam ou impedem o diálogo entre os cristãos?

_____
_____

80 Unidade 6

Um projeto de amor solidário

Leia o texto a seguir e sublinhe as ideias que considerar principais.

Atualmente, tanto as ciências como as mais antigas tradições da humanidade concordam: o que constitui o ser humano é a capacidade de amar e ser solidário. [...] Antigas tradições espirituais, como o budismo, ensinam que a solidariedade é vocação e a natureza mais profunda do ser humano. [...]

Na tradição judaica e cristã, o homem e a mulher são criados à imagem e semelhança de Deus. Como Deus é Amor, o ser humano é feito fundamentalmente de amor e para o amor. As religiões e tradições espirituais deveriam dar exemplo dessa abertura de diálogo umas com as outras e serem instrumentos de educação da humanidade para o amor e a convivência. No entanto, por motivos históricos e institucionais, elas têm dificuldades de dialogar e, mais ainda, de colaborar com as melhores causas da humanidade.

Na América Latina, a religião cristã veio da Europa junto com os espanhóis e portugueses e foi parte fundamental do projeto colonizador que submeteu os índios, tomou suas terras e proibiu que negros e índios expressassem suas culturas e praticassem suas religiões. Até hoje, em todo o Brasil, a cada dia, terreiros de candomblé e de umbanda são atacados por grupos que dizem agir em nome do Cristo e do Evangelho. Enquanto isso, deputados que se denominam evangélicos atacam direitos humanos, se juntam aos que defendem armamento e querem destruir a natureza para o agronegócio e a mineração. **Como, nessa situação, praticar e fortalecer um diálogo verdadeiro entre as religiões?**

Raimon Panikkar foi um dos maiores teólogos cristãos do século XX. Era filho de uma espanhola com um hindu. Por isso, viveu o diálogo entre as religiões na própria família. Ele ensinava que, para dialogar com o diferente, é preciso, antes de tudo, que cada um de nós pratique um diálogo interior, no próprio coração. Só quando vivemos o diálogo dentro de nós, nos tornamos capazes de vivê-lo nas relações sociais e na luta pacífica para mudar o mundo.

No Brasil formado por irmãos e irmãs de tantas raças e culturas, o diálogo entre as religiões visa transformar a sociedade. Precisa ir além de dogmas e de cultos. Tem de assumir as causas de justiça da sociedade e colaborar para que ninguém seja discriminado ou sofra pelo fato de ser diferente, seja na raça, seja na identidade de gênero ou de sexo, seja em qualquer outro nível. O projeto espiritual é proclamar a dignidade humana e divina de todo ser humano e demonstrar que juntos, na diversidade que Deus nos deu, formamos a semente de uma humanidade nova. Assim, as religiões e as tradições espirituais têm como missão unir a humanidade para realizar o projeto divino de uma humanidade reconciliada e em comunhão com a Terra e a natureza.

Marcelo Barros. Texto elaborado e cedido pelo autor para esta coleção.

Marcelo Barros, monge beneditino, escritor e comunicador social que trabalha pela unidade das igrejas e das tradições religiosas.

Atividades

1. Como você responderia à pergunta em destaque no texto? Registre sua resposta no caderno.

2. Compartilhe sua resposta com os colegas e o professor. Depois, forme um grupo com mais três colegas e busque informações sobre atividades ou manifestações de diálogo entre as religiões na cidade onde fica a escola. Para completar a atividade, cada grupo pode elaborar um cartaz informativo com os resultados da pesquisa.

Unidade 6

Experiências religiosas

Nas diversas tradições religiosas, encontramos diferentes percepções de Deus e das manifestações do sagrado. O diálogo inter-religioso destaca o compromisso de conhecer e compreender melhor cada tradição religiosa, enriquecendo-se, assim, com os valores específicos de cada uma delas.

Essa atitude nos permite afirmar o testemunho comum do valor da experiência religiosa diante de aspectos como o consumismo. Também promove o trabalho conjunto em prol da justiça e da paz mundial, rejeitando toda e qualquer discriminação ou violência entre as diferentes religiões.

Atividades

1. Leia a seguir um trecho do discurso proferido pelo papa Bento XVI, em 2007.

No respeito das diferenças das várias religiões, todos somos chamados a trabalhar pela paz e por um compromisso real para promover a reconciliação entre os povos. Este é o autêntico "espírito de Assis", que se opõe a qualquer forma de violência e ao abuso da religião como pretexto para a violência. Perante um mundo lacerado por conflitos, onde por vezes se justifica a violência em nome de Deus, é importante reafirmar que as religiões nunca se podem tornar veículos de ódio; nunca, invocando o nome de Deus, se pode chegar a justificar o mal e a violência. Ao contrário, as religiões podem e devem oferecer recursos preciosos para construir uma humanidade pacífica, porque falam de paz ao coração do homem.

Discurso do santo padre aos chefes religiosos na aula magna do seminário episcopal de Capodimonte. Disponível em: <https://w2.vatican.va/content/benedict-xvi/pt/speeches/2007/october/documents/hf_ben-xvi_spe_20071021_incontro-napoli.html>. Acesso em: 2 abr. 2019.

↑ Papa Bento XVI, em 2013.

a. Agora, utilizando duas canetas de diferentes cores, sublinhe com uma cor os trechos que remetem à promoção do diálogo inter-religioso e com outra cor os trechos que se referem à negação desse diálogo.

b. Responda no caderno: Para você, que medidas podem ser tomadas para promover o diálogo inter-religioso?

2. Converse com os colegas e o professor sobre os desafios à promoção do diálogo inter-religioso. Depois, faça o que se pede.

- Em grupo com mais três colegas, pesquise de que modo os encontros são relevantes para que se alcancem o respeito e a cooperação entre as religiões.
- Selecione com o grupo um ou dois encontros como exemplos e elabore cartazes para apresentá-los aos demais colegas.

Unidade 6

Acordo contra a escravidão

Em dezembro de 2014, líderes religiosos judeus, muçulmanos, ortodoxos, anglicanos, católicos, budistas e hindus se reuniram no Vaticano, com o papa Francisco, para assinar a Declaração Conjunta dos Líderes Religiosos contra a Escravidão Moderna. Esse foi um momento importante, no qual líderes de diferentes tradições se comprometeram a lutar para pôr fim a esse grave problema mundial antes do ano 2020.

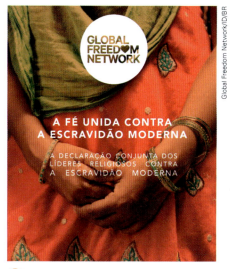

↑ Cartaz da campanha dos líderes religiosos contra a escravidão moderna.

← Líderes religiosos após assinatura de declaração contra a escravidão moderna, no Vaticano, 2014.

Essa causa humanitária em defesa da vida é um testemunho do diálogo entre as religiões. Veja as declarações de alguns líderes religiosos.

> São nossos irmãos, irmãs, filhos, filhas que são explorados: nesta era de globalização, o que acontece a um acontece a todos nós.
>
> Papa Francisco e líderes religiosos assinam acordo contra a escravidão. *G1*. Mundo. Disponível em: <http://g1.globo.com/mundo/noticia/2014/12/papa-francisco-e-lideres-religiosos-assinam-acordo-contra-escravidao.html>. Acesso em: 25 abr. 2019.
>
> Bhikkhuni Thich Nu Chan Khong, representante do budismo.

> Embora as missas sejam a melhor forma de adoração, a escravidão é o pior insulto que pode ser cometido contra Deus. Portanto, qualquer pessoa que acredita na existência de um poder superior deve acordar e dizer não à escravidão, não à escravização dos seres humanos. Porque o divino habita em todo coração, em todo o mundo.
>
> A Declaração Conjunta dos Líderes Religiosos contra a Escravidão Moderna. Disponível em: <https://cdn.globalfreedomnetwork.org/content/uploads/2018/08/08104430/Events-Summary-Booklet-180517_PT-digital.pdf>. Acesso em: 25 abr. 2019.

← Ravi Shankar, representante do hinduísmo.

Atividades

1. Pesquise dados sobre as formas modernas de escravidão e a situação do tráfico humano no mundo. Anote no caderno as informações que encontrar.
2. Compartilhe com os colegas os resultados obtidos. Depois, em grupo com mais três colegas, elabore um cartaz com as informações pesquisadas e exponha-o em um mural na sala de aula.

Conexões

Na seção anterior, vimos que a aproximação e o diálogo entre as religiões são essenciais para promover causas humanitárias. No entanto, no universo religioso, há também pessoas e grupos que expressam atitudes de intolerância religiosa.

Sabemos que a liberdade religiosa é um direito fundamental de todo ser humano e deve ser respeitada. A violação desse direito, considerada crime pela sociedade, é um desrespeito à pessoa humana. Lamentavelmente, manifestações de intolerância religiosa ainda persistem em muitos lugares do mundo, inclusive no Brasil.

Diversos grupos de religiões africanas fazem protesto contra a intolerância religiosa na cidade de São Paulo, em 2016.

Atividades

1. Em grupo com mais quatro colegas, pesquise informações sobre a intolerância religiosa no Brasil e registre-as abaixo. Com base nos dados obtidos, elabore um cartaz com gráficos que expressem essa realidade nos últimos cinco anos e apresente os resultados à turma. Depois, exponha o cartaz em um mural na escola.

2. Com o mesmo grupo, procure em jornais e revistas reportagens sobre casos de intolerância religiosa ocorridos no Brasil recentemente. Imprima as manchetes e uma imagem de cada notícia, especificando o local e a data. Em seguida, organize com os demais grupos um grande mapa para expor essas informações de maneira regionalizada.

3. Após ter realizado as atividades anteriores e conhecido mais sobre a intolerância religiosa no Brasil, forme dupla com um colega e responda:

a. Em sua opinião, por que existe intolerância religiosa?

_____

_____

_____

_____

b. Quais são as causas desse tipo de intolerância?

_____

_____

_____

_____

c. Em sua opinião, a intolerância religiosa pode ser justificada por aqueles que a praticam? Por quê?

_____

_____

_____

_____

d. Compartilhe suas respostas com outras duplas e o professor e troque ideias sobre o tema.

4. Leia o texto a seguir e, depois, responda às questões.

> O primeiro episódio da [...] série do National Geographic, *Explorer Investigation* [Investigação minuciosa] [...], analisa a atual onda de intolerância religiosa que se vive no Rio de Janeiro, Brasil, onde, durante 2017, foram registrados 800 atos de agressão, sofridos em sua maioria por seguidores de religiões afro-brasileiras como o candomblé e a umbanda.
>
> Episódio de estreia de *Explorer Investigation* aborda intolerância religiosa no Brasil. *National Geographic*. Disponível em: <https://www.nationalgeographicbrasil.com/nat-geo-canal/2018/09/episodio-de-estreia-de-explorer-investigation-aborda-intolerancia-religiosa>. Acesso em: 27 maio 2019.

a. No primeiro episódio da série, um jovem aparece segurando um boné com a seguinte frase: "Bíblia sim, Constituição não". Como você interpreta essa mensagem? Você concorda com ela? Por quê?

_____

_____

_____

b. Que relações você estabelece entre o tema da série e o que temos estudado nesta unidade?

_____

_____

_____

c. Se possível, assista ao episódio "Em nome de Deus", da série *Explorer Investigation*. Depois, organize uma roda de conversa com os colegas para discutir o tema apresentado nesse episódio.

Unidade 6 85

Espaço de diálogo

O diálogo é uma dimensão fundamental da cultura de paz. Dialogar pressupõe aprender a escutar e expressar-se com clareza e honestidade.

É necessário estar aberto para ir ao encontro do outro, ou seja, aproximar-se dele adotando uma postura de tolerância e demonstrando o desejo de compartilhar a experiência do diálogo.

Atividades

- Com o auxílio do professor, você e a turma toda vão fazer um mapeamento da diversidade cultural e religiosa da cidade ou do bairro onde fica a escola. Leia as orientações.

Primeiro passo
Formem grupos com alguns colegas e, juntos, providenciem o mapa da cidade ou do bairro dividido em regiões.

Segundo passo
Cada grupo vai escolher uma região e pesquisar as manifestações culturais e religiosas relacionadas a ela. Para isso, consultem informações divulgadas pelas secretarias estaduais ou municipais de turismo e de cultura, agências de turismo e *sites* de viagem. Se possível, agendem visitas ou utilizem páginas da internet para visitar virtualmente os locais pesquisados e assistir a algumas manifestações culturais e religiosas.

Terceiro passo
Organizem as informações obtidas, conforme as orientações do professor. Para demarcar os lugares pesquisados, cada grupo deve criar um símbolo ou ícone de cada local. O objetivo é, ao final, reunir em um grande mapa os dados coletados pelos grupos, a fim de fazer um mapeamento da diversidade cultural e religiosa da cidade ou do bairro onde fica a escola.

Quarto passo
Combinem uma data para realizar a montagem do mapa geral. Após a montagem, cada grupo vai apresentar à turma os lugares pesquisados, apontando suas principais características e curiosidades.

Compartilhar experiências de diálogo

Nesta unidade, tratamos da experiência de diálogo que as religiões buscam concretizar e fortalecer no dia a dia. A busca pela unidade, a luta pela justiça e a construção da paz têm sido apelos sociais frequentes no testemunho das tradições religiosas.

Atividades

- Agora, que tal participar da criação de um vídeo para promover uma mensagem de paz? Leia as orientações.
  - **a.** Forme um grupo com três colegas e pesquise na internet movimentos que promovem a cultura de paz. Busque textos ou vídeos que mencionem escolas que já desenvolveram atividades sobre o assunto. Salve o que encontrar de mais significativo com relação ao envolvimento dos alunos e, também, à criatividade da proposta.
  - **b.** Converse com os colegas sobre os resultados da pesquisa.
  - **c.** Reúna-se com o grupo para produzir um vídeo de, no máximo, dois minutos de duração. O vídeo deve apresentar propostas de atitudes concretas para promover uma cultura de paz no bairro e na cidade onde vocês vivem. Sob a orientação do professor, vocês podem escolher alguns temas, como:
    - Incentivar a participação nos espaços públicos, posicionando-se a favor da vida e do reconhecimento da dignidade de todos.
    - Motivar o respeito pelas diferentes manifestações religiosas.
    - Sensibilizar a comunidade para o respeito aos direitos das pessoas com deficiência.
    - Incentivar práticas de solidariedade para com os mais necessitados.
    - Estimular o cuidado dos bens naturais, considerando-os um direito de todos, inclusive das futuras gerações.
    - Sensibilizar as pessoas para a preservação dos bens culturais, entre eles os bens religiosos, evitando sua depreciação.
    - Despertar o interesse por outras tradições religiosas além da própria, a fim de favorecer o respeito e o diálogo entre as religiões.
  - **d.** Depois, compartilhem o vídeo produzido nos canais de mídia da escola.

> Que mensagem você quer comunicar para promover a **cultura de paz** em seu bairro e em sua cidade?

Atitudes de paz

Você viu que, para promover o diálogo inter-religioso, é importante conhecer melhor e compreender as tradições religiosas. Com essa intenção, que tal convidar as pessoas que moram com você para visitar um espaço sagrado que não pertença à tradição religiosa seguida pela família? Pode ser um templo, uma igreja, uma mesquita, um terreiro ou mesmo um monumento no bairro ou na cidade.

Pessoas visitando a igreja São Francisco de Assis, na Pampulha, em Belo Horizonte (MG), 2017.

1. Escolha um local para visitar e, após a visita, anote no caderno as características que chamaram a sua atenção. Depois, descreva esse local nas linhas abaixo.

    Lugar visitado: _____

    Religião a que se refere o lugar visitado: _____

    Data da visita: _____ Horário: _____

    Descrição e características do lugar visitado: _____
    _____

2. No espaço abaixo, faça um desenho que o represente.

3. Compartilhe com os colegas e o professor como foi sua visita em família, descrevendo o local visitado.

88 Unidade 6

Vamos organizar uma roda de diálogo?

Em 2017, foi realizado na cidade de Ushuaia, na Argentina, o II Congresso Mundial de Diálogo Intercultural e Inter-religioso, cujo tema foi "Um caminho para a paz". Entre outros assuntos, os participantes falaram sobre religião, a busca da paz, a história, o meio ambiente e justiça para todos.

Palestrantes do II Congresso Mundial Intercultural e Inter-religioso, na Argentina, em 2017.

1. Com os colegas e sob a orientação do professor, organize na escola uma roda de diálogo, com a presença de religiosos, membros de organizações não governamentais, grupos culturais, associações de moradores, entre outros. Para isso, leia as orientações.

- Juntos, definam um tema para dinamizar a roda de diálogo. É importante que o tema escolhido seja próximo da realidade dos participantes (alunos, comunidades de bairro, do município, etc.)

- Organizem equipes de trabalho e distribuam as responsabilidades para garantir o sucesso do evento. Algumas sugestões:

Equipe de animação
Conduzirá a roda de diálogo, apresentando os participantes e fazendo a mediação entre eles.

Equipe de comunicação
Responsável por fotografar, filmar e escrever textos sobre o evento.

Equipe de ambientação
Responsável pela escolha, decoração e organização do espaço onde ocorrerá o evento.

Equipe de divulgação
Encarregada de criar cartazes e divulgar o evento em mídias impressas e digitais.

Equipe de acolhida
Encarregada de receber os convidados e preparar um brinde para os participantes.

2. Após o evento, é importante que a turma faça uma avaliação da atividade, relatando como foi a experiência de diálogo e a participação nas equipes de trabalho. Registre suas impressões abaixo e, depois, compartilhe-as com os colegas.

_____
_____
_____

Unidade 6   89

Mais atividades

Nesta unidade, destacamos a importância do diálogo entre as religiões e percebemos que a cultura do diálogo se constrói com base em atitudes de respeito e solidariedade, que se agregam para construir um mundo melhor.

As religiões são convidadas a criar pontos de diálogo em defesa da vida, da natureza e, em especial, das pessoas mais desfavorecidas.

1. Na tabela abaixo, há diversas palavras que se relacionam ao tema estudado. Use ao menos doze delas para escrever uma mensagem que ressalte a importância do diálogo entre as religiões e os perigos do fanatismo e do fundamentalismo religioso.

paz	confiança	comum	justiça
religiões	diversidade	encontro	cooperação
diálogo	fanatismo	respeito	fundamentalismo
ecumenismo	entendimento	enfrentamento	influência
unidade	intolerância	sincretismo	convivência

_____

_____

_____

_____

2. Leia o texto bíblico Romanos (capítulo 12, versículos 1 a 9) e, em seguida, faça o que se pede.

   a. Escreva, no quadro abaixo, oito dos conselhos que São Paulo dá aos cristãos de Roma.

1	
2	
3	
4	
5	
6	
7	
8	

   b. Converse com os colegas e o professor sobre o significado de cada conselho que você anotou.

90   Unidade 6

c. Que conselhos você acredita que São Paulo daria aos cristãos do século XXI? Escreva três conselhos abaixo.

_____

_____

_____

4. Leia a letra da canção "Intolerância", escrita por Marcelo Bonfá, e observe com atenção as palavras que formam a figura.

A vingança é a mãe da estupidez
E a intolerância é mãe de vidas perdidas
A ignorância é mãe de guerras sem fim
Pensem nas outras mães
Há um medo e contra ele
A violência encontrará conforto
Há o certo e há o torto
Desde cedo já o confronto
Deus sempre esteve em silêncio
Mas nem por isso calado
Nosso destino deixa pegadas disformes

Nossas palavras tão cheias de esquecimento
O desafio agora é perceber
Onde estão precisando de nós
Estamos juntos numa sala escura
E os fantasmas rondam à luz do dia
A ficção assiste a verdade
Não há ingressos nem poltronas vazias
Destruir é melhor que criar
Futilidades demais nesta vida
Nós somos livres pra escolher

Marcelo Bonfá. Intolerância. Intérprete: Marcelo Bonfá. Em: *Bonfá + Videotracks*. São Paulo: EMI Music, 2004. 1 CD. Faixa 1.

a. Em sua opinião, qual é a mensagem dessa canção?

_____

_____

_____

_____

b. Se possível, escute a canção com os colegas e o professor e, depois, compartilhe o que você interpretou da letra.

Unidade 6 91

Oficina de jogos

Este jogo trata de pessoas que são admiradas por seus testemunhos e seguidas no mundo inteiro. O objetivo é descobrir quem são essas personalidades e mergulhar em uma dinâmica que transborda bondade, justiça social e cultura de paz! Vamos começar?

Para construir o jogo

Com base nos conhecimentos de vocês e no que aprenderam no decorrer dos estudos de Ensino Religioso, escolham no mínimo 25 pessoas que protagonizaram ações em prol do bem comum.

Pesquisem informações sobre cada uma dessas pessoas e elaborem 25 cartas iguais para cada jogador, conforme modelo disponível na página 93. Antes de imprimir, revisem as cartas, verificando as informações e o texto. No verso delas, usem uma imagem padronizada, com um logotipo ou o nome do jogo.

Confeccionem uma estrutura de papelão ou de outro material resistente na qual serão dispostas as cartas das personalidades. A estrutura pode ser decorada como vocês quiserem (vejam exemplo na página 94).

Elaborem o manual de instruções para os jogadores. Uma ideia é seguir as dicas apresentadas na página 95 e acrescentar o que mais considerarem pertinente.

Como criar as cartas?

Frente

Escolha uma fotografia da pessoa
É importante que as fotografias usadas nas cartas sigam um padrão. Sugere-se que sejam fotos de busto e de uma qualidade que permita explorar características físicas do retratado.

Escreva o nome da pessoa

Insira data de nascimento e morte
Caso a pessoa não tenha falecido, deixar conforme o exemplo.

Escreva a nacionalidade
Caso a personalidade escolhida tenha dupla nacionalidade ou não resida no país em que nasceu, poderão ser incluídas essas informações.

Rigoberta Menchú
(1959-)
Nacionalidade: Guatemalteca
Dica 1: líder que lutou pelos direitos humanos e pelo respeito à cultura dos povos indígenas.
Dica 2: após receber o Prêmio Nobel da Paz, criou uma fundação para promover ações de educação e desenvolvimento em defesa dos direitos humanos.
Dica 3: destacou-se por sua luta pacífica ao denunciar as injustiças sociais enfrentadas pelos povos indígenas.

Dê dicas sobre a pessoa
Recomenda-se que as dicas correspondam a curiosidades ou informações sobre os motivos ou acontecimentos que marcaram a vida da pessoa como alguém que fez o bem. Para garantir a dinâmica do jogo, sugere-se que sejam apresentadas ao menos três dicas.
Também podem ser incluídas falas ou ideias pelas quais a pessoa ficou conhecida.

Verso

Para o verso das cartas, criem uma imagem padronizada, que pode ser um logotipo ou o próprio nome do jogo.

Oficina de jogos

Como fazer a base do jogo?

Depois de elaborar as cartas, construam as bases do jogo: serão duas, uma para cada jogador.

A base vai servir de suporte para as cartas. Para abrigar 25 cartas, serão necessárias quatro fileiras de seis cartas, e será necessário um espaço adicional para colocar uma carta a ser escolhida pelo jogador.

A base para as cartas pode ser confeccionada de diferentes maneiras. O mais importante é que permita a mobilidade das cartas, pois, à medida que o jogo acontece, elas vão sendo retiradas. Veja um exemplo de suporte de papelão que pode ser feito com a tampa de uma caixa de sapato.

94 Oficina de jogos

Como jogar?

Agora, vamos conhecer as regras do jogo!

1. O jogo é realizado em duplas.

2. Cada jogador escolhe uma carta, sem que o outro saiba qual é.

3. A carta escolhida deve ficar na fileira da frente da base, para que possa ser consultada pelo jogador durante o jogo.

4. Decidam, por sorteio, quem iniciará o jogo.

5. Em sua vez de jogar, cada jogador pode fazer uma única pergunta, que será respondida pelo outro com "Sim" ou "Não".

6. Com base nas respostas, os jogadores devem colocar de lado as cartas que não correspondem à pessoa escolhida pelo adversário.

7. Quando um jogador tiver um palpite, deve dizer, por exemplo: "A pessoa é Rigoberta!". É permitido arriscar adivinhar a pessoa uma vez por turno.

8. Ganha o jogador que adivinhar primeiro a pessoa escolhida pelo adversário.

Oficina de jogos 95

Bibliografia

ALCORÃO SAGRADO, O. Trad. Samir El Hayek. LCC Publicações eletrônicas EbooksBrasil. Edição autorizada pelo Centro Cultural Beneficente Árabe Islâmico de Foz do Iguaçu. Disponível em: <http://www.ebooksbrasil.org/adobeebook/alcorao.pdf>. Acesso em: 28 maio 2019.

ALVES, R. *O que é religião*. São Paulo: Brasiliense, 1981.

BACH, M. *As grandes religiões do mundo*. Rio de Janeiro: Nova Era, 2002.

BASTIDE, R. *As religiões africanas no Brasil*: contribuição a uma sociologia das interpenetrações de civilizações. Trad. Maria Eloisa Capellato e Olívia Hrähenbühl. São Paulo: Pioneira, 1989.

BIACA, V. et al. *O sagrado no ensino religioso*. Curitiba: SEED–PR, 2006 (Cadernos Pedagógicos do Ensino Fundamental, 8).

BÍBLIA SAGRADA. Edição Pastoral. São Paulo: Paulus, 1990. Disponível em: <http://www.paulus.com.br/biblia-pastoral/_INDEX.HTM>. Acesso em: 14 maio 2019.

BOWKER, J. *Para entender as religiões*: as grandes religiões mundiais explicadas por meio de uma combinação perfeita de texto e imagens. Trad. Cássio de Arantes Leite. São Paulo: Ática, 1997.

BRASIL. *Constituição da República Federativa do Brasil de 1988*. Disponível em: <http://www.planalto.gov.br/ccivil_03/constituicao/constituicao.htm>. Acesso em: 28 maio 2019.

_____. Ministério da Educação. Secretaria da Educação Básica. *Base nacional comum curricular*: educação é a base. Brasília: MEC/SEB, 2017. Disponível em: <http://basenacionalcomum.mec.gov.br/>. Acesso em: 28 maio 2019.

_____. Ministério da Educação. *Diretrizes curriculares nacionais gerais da educação básica*. Brasília: MEC, 2013. Disponível em: <http://portal.mec.gov.br/docman/julho-2013-pdf/13677-diretrizes-educacao-basica-2013-pdf/file>. Acesso em: 28 maio 2019.

_____. Ministério da Educação. Secretaria Especial dos Direitos Humanos. *Diversidade religiosa e direitos humanos*. Brasília: MEC/SEDH, 2004. Disponível em: <http://www.dhnet.org.br/dados/cartilhas/a_pdf_dht/cartilha_sedh_diversidade_religiosa.pdf>. Acesso em: 28 maio 2019.

_____. Presidência da República. *Lei n. 8.069, de 13 de julho de 1990*. Dispõe sobre o Estatuto da Criança e do Adolescente. Disponível em: <http://www.planalto.gov.br/ccivil_03/leis/l8069.htm>. Acesso em: 28 maio 2019.

CENTRO DE INFORMAÇÕES DAS NAÇÕES UNIDAS NO BRASIL. *Declaração Universal dos Direitos Humanos*. 2009. Disponível em: <https://nacoesunidas.org/wp-content/uploads/2018/10/DUDH.pdf>. Acesso em: 14 maio 2019.

CHAUI, M. *Convite à filosofia*. São Paulo: Ática, 2000.

CONSELHO EPISCOPAL LATINO-AMERICANO. *Vão e ensinem*: identidade e missão da escola católica na mudança de época, à luz de Aparecida. Trad. Vitor Hugo Mendes. Bogotá, Colômbia, 2011.

COOGAN, D. (Org.). *Religiões*: história, tradições e fundamentos das principais crenças religiosas. Trad. Graça Salles. São Paulo: PubliFolha, 2007.

CROATTO, J. *As linguagens da experiência religiosa*: uma introdução à fenomenologia da religião. Trad. Carlos Maria Vásquez Gutiérrez. São Paulo: Paulinas, 2004.

EL OUMARI, G. *Subsídios pedagógicos para o ensino religioso*. Informativo da Associação Inter-religiosa da Educação, set. 2017. Disponível em: <http://www.ensinoreligioso.seed.pr.gov.br/arquivos/File/boletins_informativos_assintec/informativo_assintec_42.pdf>. Acesso em: 28 maio 2019.

ELIADE, M. *Imagens e símbolos*: ensaio sobre o simbolismo mágico-religioso. Trad. Sonia Cristina Tamer. São Paulo: Martins Fontes, 1991.

_____. *O sagrado e o profano*: a essência das religiões. Trad. Rogério Fernandes. São Paulo: Martins Fontes, 2001.

_____. *Tratado de história das religiões*. 3. ed. Trad. Fernando Tomaz e Natália Nunes. São Paulo: Martins Fontes, 2008.

GAARDER, J. et al. *O livro das religiões*. Trad. Isa Mara Lando. São Paulo: Companhia das Letras, 2005.

KÜNG, H. *Religiões do mundo*: em busca dos pontos comuns. Trad. Carlos Almeida Pereira. Campinas: Verus, 2004.

OLIVEIRA, L. B. de. et al. *Ensino religioso*: fundamentos e métodos. São Paulo: Cortez, 2007.

PARANÁ. Secretaria de Estado da Educação. Superintendência da Educação. *Ensino religioso*: diversidade cultural e religiosa. Curitiba: SEED-PR, 2013.

PASSOS, J. D. *Como a religião se organiza*: tipos e processos. São Paulo: Paulinas, 2006.

PROJETO EMAÚS. *Ensino religioso*: Ensino Fundamental – 6º ao 9º ano. São Paulo: SM, 2013. 4v.

SANCHEZ, W. L. *Pluralismo religioso*: as religiões no mundo atual. São Paulo: Paulinas, 2005.

SANTOS, E. Lugares sagrados. In: PARANÁ. Secretaria de Estado da Educação. Superintendência da Educação. *Ensino religioso*: diversidade cultural e religiosa. Curitiba: SEED-PR, 2013.

TERRIN, A. *Introdução ao estudo comparado das religiões*. Trad. Giuseppe Bertazzo. São Paulo: Paulinas, 2003.

VILHENA, M. *Ritos*: expressões e propriedades. São Paulo: Paulinas, 2005.

WILGES, I. *Cultura religiosa*: as religiões no mundo. 19. ed. Petrópolis: Vozes, 2010.

ZILLES, U. *Filosofia da religião*. 7. ed. São Paulo: Paulus, 2009.